内蒙古中西部地区
古迹遗址修缮保护与利用研究

侯智国　武月清　王　晓　著
乔恩懋　尚大为

北京理工大学出版社
BEIJING INSTITUTE OF TECHNOLOGY PRESS

内 容 简 介

本书基于 2021 年内蒙古哲学社会科学规划项目《内蒙古文物保护利用传承体系研究——内蒙古中西部古迹遗址修缮与保护研究》(2021NDB076)、2022 年内蒙古自治区直属高校基本科研业务费项目《古迹遗址的保护和利用》(2021NDB076)、2023 年度内蒙古自治区青年科技人才发展项目（创新团队）《古迹遗址的修缮保护与利用实践研究》(NMGIRT2308) 研究内容支撑，也是三个项目的研究成果之一。以内蒙古古迹遗址保护与利用协同创新中心团队从 2014 年至 2023 年从事过的古迹遗址保护项目为主要依托，结合文献资料在修缮理论和技术线路上进行了总结整理。

本书的读者对象适合古迹遗址行业从业者、研究者、爱好者。

版权专有　侵权必究

图书在版编目（CIP）数据

内蒙古中西部地区古迹遗址修缮保护与利用研究 / 侯智国等著. -- 北京：北京理工大学出版社，2023.12

ISBN 978-7-5763-3264-3

Ⅰ.①内… Ⅱ.①侯… Ⅲ.①文化遗址-文物保护-研究-内蒙古 Ⅳ.①K878.04

中国国家版本馆 CIP 数据核字（2023）第 232253 号

责任编辑：王梦春　　**文案编辑**：邓　洁
责任校对：刘亚男　　**责任印制**：施胜娟

出版发行 / 北京理工大学出版社有限责任公司
社　　址 / 北京市丰台区四合庄路 6 号
邮　　编 / 100070
电　　话 / (010) 68914026（教材售后服务热线）
　　　　　(010) 63726648（课件资源服务热线）
网　　址 / http://www.bitpress.com.cn
版 印 次 / 2023 年 12 月第 1 版第 1 次印刷
印　　刷 / 廊坊市印艺阁数字科技有限公司
开　　本 / 787 mm×1092 mm　1/16
印　　张 / 11.75
字　　数 / 242 千字
定　　价 / 79.00 元

图书出现印装质量问题，请拨打售后服务热线，负责调换

前　言

中华文明源远流长、博大精深，是中华民族独特的精神标识。中华文明漫长的发展历程中留下的大量文化古迹遗址是中华文化的见证，也是研学中华文化的教科书，保护与修缮这些古迹遗址是传承和发扬中华优秀传统文化的重要一环。新中国成立后，我国的古迹遗址保护事业开始逐步走向系统化和科学化，并引起了全社会的重视。

近年来，习近平总书记就历史文化保护传承工作作出了一系列战略性部署，他提出"要本着对历史负责、对人民负责的态度，建立分类科学、保护有力、管理有效的城乡历史文化保护传承体系"，"在改造老城、开发新城过程中，要保护好城市历史文化遗存，延续城市文脉，使历史和当代相得益彰"，"让历史文化和现代生活融为一体"，"要在坚持保护的前提下进行适度合理开发和建设，通过适度合理开发和建设来实现更好的保护"。这些重要论述为保护文化遗存、延续城市文脉、弘扬中华优秀传统文化提供了思想指引和实践路径，对做好新时代文物保护工作具有极为重要的指导意义。

在党和政府的重视下，关于文物保护的法律、法规、保护条例逐年增多。2015年修订的《中国文物古迹保护准则》在文化遗产价值认识、保护原则、新型文化遗产保护、监测、合理利用、文物古建筑的展示等方面给出了新阐释，为今后的古迹遗址保护实践提供了参照准则。2017年新修订的《中华人民共和国文物保护法》规定了"文物是不可再生的文化资源"，"文物工作贯彻保护为主、抢救第一、合理利用、加强管理的方针"。自党的十八大以来，国家文物局和中共中央办公厅、国务院办公厅先后颁布了《关于促进文物合理利用的若干意见》《关于加强文物保护利用改革的若干意见》等文件，为文物保护的活化利用提供了指导意见，《全国重点文物保护单位文物保护工程竣工验收管理暂行办法》《文物建筑保护工程施工组织设计编制要求》《全国重点文物保护单位文物保护工程检查管理办法（试行）》《古建筑修缮项目施工规程（试行）》等文件则进一步对古迹遗址修缮保护的施工、监管等事项进行了规范。

内蒙古自治区文物古迹众多，文物存量丰富，文物拥有量全国排名第八，是全国文物大省之一，共有不可移动文物2.1万处。自治区拥有丰富的中华文明古迹遗址，涵盖了从中华文明发端到近现代的全部古迹遗址类型。这些古迹和遗址是中华民族传统文化的活化石，也是民族团结和繁荣发展的见证者。与丰富的文化遗产形成鲜明对比的是，自治区文物古迹的保护人才队伍相对薄弱，尤其是文物古迹修缮人才队伍更显薄弱。

为了培养文物古建筑保护与利用专业人才，2012年，内蒙古建筑职业技术学院创办古建筑工程技术专业。为汇集专业教学资源，专业团队联合自治区文物保护行业企业成立了内蒙古古迹遗址保护与利用协同创新中心，截至本书完成前，该中心通过校企协同完成了30余项文物保护工程。

本书对内蒙古古迹遗址保护与利用协同创新中心团队参与的古迹遗址修缮保护项目的工作成果进行总结，并结合文献资料，对修缮理论和技术线路进行了整理，旨在探讨遗址保护修复的主要原则和基本方法，扩大古迹遗址保护与利用工作的紧迫性共识，推动全社会更好地保护和利用这些珍贵的文化遗产。

全书由跨学科跨领域科研团队协作完成。编写分工为：侯智国负责全书统稿协调，撰写绪言、第二章、第五章部分内容；武月清撰写第一章部分内容、第四章、第五章部分内容和后记；王晓撰写第二章部分内容；乔恩茂、尚大为撰写第三章和第四章部分内容。

书中主要涉及本团队擅长的古代木构建、砖石、泥瓦作等的修复技术，以确保实用性，完善的经验总结留待以后补充出版。感谢张鹏举、牛建刚等学界同仁在编写过程中给予的大力支持，尤其感谢内蒙古启原文物古建的李应龙先生，多数的保护项目均由李老指导完成。

希望本书的出版，能够进一步引起社会各界对古迹遗址保护的重视，为中华传统营造技艺的传承与发展尽绵薄之力。本书是团队的第一部著作，不足之处在所难免，真心希望各位专家学者、读者给予批评指正。

编　者

目 录

第一章　内蒙古古迹遗址概况 ······ 001
第一节　内蒙古概况 ······ 002
第二节　内蒙古古迹遗址的历史沿革 ······ 004
第三节　古迹遗址概况与病害成因 ······ 038

第二章　古迹遗址修缮与保护的技术 ······ 044
第一节　修缮保护工程原则 ······ 044
第二节　修缮技术 ······ 047
第三节　修缮保护技术策略 ······ 076

第三章　文物古迹遗址修缮工程类型 ······ 102
第一节　保养维护工程 ······ 102
第二节　抢险加固工程 ······ 106
第三节　修缮工程 ······ 107

第四章　营造习俗与古迹遗址修缮技艺的传承与保护 ······ 115
第一节　营造习俗 ······ 115
第二节　古迹遗址修缮技艺的传承与保护 ······ 116
第三节　古迹遗址所代表的文化是中华民族的根与魂 ······ 118

第五章　内蒙古文物古建筑保护与利用现状调查 ······ 120
第一节　调查概述 ······ 120
第二节　文物古建筑结构特点 ······ 121
第三节　文物古建筑保护利用情况 ······ 122
第四节　文物古建筑保护措施建议 ······ 124

附录　保护修缮实践案例 ······ 126

参考文献 ······ 175

后记 ······ 182

第一章
内蒙古古迹遗址概况

内蒙古历史悠久，早在石器时代就有人类在这里生活和繁衍。在内蒙古西部地区，发现了大窑遗址及其遗物，经鉴定，其年代约为旧石器时代初期至晚期（距今约 50 万年前）。1979 年，国家文化部把这一石器制造场所代表的文化命名为大窑文化。历史上，内蒙古曾是匈奴、鲜卑、契丹、蒙古等民族的发源地和活动中心，也是中国古代文明和外来文化交流的重要地区。内蒙古现存的古迹遗址主要包括古墓葬、古遗址、古建筑等，这些遗址分布在内蒙古的各个地区，具有丰富的历史文化内涵和独特的地理环境特点，是研究中国古代历史和文化的重要资源。

早在商周时期，内蒙古地区就已经成为中原文明和北方游牧文明的交汇地带。在这个时期，内蒙古地区留下许多城址，如呼和浩特市的西岔遗址[①]等。春秋战国时期，内蒙古地区成为匈奴、鲜卑等游牧民族的活动中心，也留下了许多古迹遗址。后来，内蒙古地区先后成为汉朝、唐朝、蒙古帝国和清朝的边疆地区，留下了更多城址和墓葬，如包头市的麻池城址和召湾墓群、鄂尔多斯市的城川城址、锡林浩特市的古代城址、正蓝旗的古代墓葬等。内蒙古还是中国共产党最早建立党组织的民族地区，革命文化厚重，革命遗迹富集，有诸如乌兰夫故居、百灵庙起义旧址、集宁战役旧址等。

截至 2021 年 3 月，内蒙古自治区共发现 21 099 处不可移动的文物古迹，包括古遗址、古墓葬、古建筑、石窟寺及石刻、近现代重要史迹及代表性建筑等。其中，国家级重点文物保护单位 149 处（含世界文化遗产元上都遗址 1 处），自治区级文物保护单位 578 处，盟市旗县级重点文物保护单位 1000 余处。内蒙古自治区拥有长城 7570 千米，共 13 278 处遗存点段，占全国长城的 31.51%，分布在 12 个盟市、76 个旗县，年代跨越战国赵、战国燕、战国秦、西汉、东汉、北魏、北宋、西夏、金、明等 11 个时期，居全国第一。根据国家文物局全国博物馆名录，内蒙古自治区现有 173 家备案博物馆，其中国家一级博物馆 9 家，二级博物馆 13 家，三级博物馆 20 家。另据新华社援引内蒙古自治区文物局消息，截至 2023 年年底，内蒙古现有全国重点革命文物保护单位 9 处，自治区重点革命文物保护单位 66 处。

为保护和利用这些文物，内蒙古自治区实施了一批大遗址保护工程，开展了第三次

---

① 西岔遗址：商周文化的重要发现与研究．内蒙古自治区文物考古研究院．［2023-11-12］）

全国文物普查、长城资源调查、第一次全国可移动文物普查，保护和维修了一批古代和近现代建筑，如呼和浩特市的五塔寺、锡林郭勒盟的达赉诺尔古城等。同时，内蒙古自治区还积极开展申报世界文化遗址工作，旨在将内蒙古的文化遗产推向世界舞台。此外，内蒙古自治区不断加强长城的保护和利用，推动长城成为旅游资源和文化遗产，促进了当地经济的发展。总的来说，内蒙古自治区在文物保护和利用方面取得了显著成就，为保护和传承中华文化做出了积极贡献。

第一节　内蒙古概况

内蒙古位于中国北部边疆，地处欧亚大陆内部，由东北向西南斜伸，呈狭长形，东西长约2400千米，南北最大跨度1700多千米。横跨东北、华北、西北地区，内与黑龙江、吉林、辽宁、河北、山西、陕西、宁夏、甘肃8省区相邻，外与俄罗斯、蒙古国接壤，边境线4200多千米。内蒙古总面积约为118.3万平方千米，占全国总面积的12.3%。地貌以高原为主，大部分地区海拔在1000米以上，内蒙古高原是中国四大高原中的第二大高原。除了高原以外，还有山地、丘陵、平原、沙漠、河流、湖泊，东部是莽莽的大兴安岭林海，南部是富饶的嫩江平原、西辽河平原和河套平原，西部是浩瀚的腾格里、巴丹吉林、乌兰布和沙漠，北部是辽阔的呼伦贝尔、锡林郭勒草原，地跨黄河、额尔古纳河、嫩江、西辽河四大水系。内蒙古自然资源储量丰富，有"东林西矿、南农北牧"之称，草原、森林和人均耕地面积居全中国第一，稀土金属储量居世界首位，同时也是中国最大的草原牧区。

内蒙古自治区简称内蒙古，首府在呼和浩特市。辖9个地级市、3个盟（合计12个地级行政区划单位），23个市辖区、11个县级市、17个县、49个旗、3个自治旗（合计103个县级行政区划单位）。内蒙古中西部地区主要包括呼和浩特市、乌兰察布市、锡林郭勒盟、包头市、巴彦淖尔市、鄂尔多斯市、乌海市、阿拉善盟。

历史上的内蒙古中西部地区处于古中国农业文明和北方匈奴、鲜卑、契丹、女真、突厥以及蒙古游牧民族的交替统治之下，在不同的历史时期产生了不同的文明，留下了许多宝贵的古迹遗址。与古迹遗址价值关联的自然和人文景观构成古迹遗址的环境，具有不可分割性，应当与古迹遗址统一进行保护。

一、内蒙古自然环境

内蒙古自治区是我国东西跨度最大的省级行政区，由于地理位置和地形的影响，形成了以温带大陆性季风气候为主的复杂多样的气候。春季气温骤升，多大风天气；夏季短促温热，降水集中；秋季气温剧降，秋霜冻往往过早来临；冬季漫长严寒，多寒潮天气。这些因素给当地古迹遗址的保护和修缮工作带来了很大困难，对材料的运用和装饰也有一定的制约性。

内蒙古现有呼伦贝尔、锡林郭勒、科尔沁、乌兰察布、鄂尔多斯和乌拉特6个著名的大草原，天然草场面积辽阔，是国内重要的畜牧业生产基地。草原总面积达8666.7万公顷，占全国草原总面积21.7%，其中可利用草场面积达6800万公顷，约占内蒙古总土地面积的60%。在锡林郭勒、乌兰察布、鄂尔多斯和乌拉特几大草原所属的中西部地区，草原、山地、丘陵、沙漠、戈壁等多种地形地貌并存，导致了内蒙古不同地区或以农业为主、或半农半牧交错、或以牧业为主的不同生产方式，这一点对民用建筑的构建起到了至关重要的影响。

内蒙古中西部地区降水量少，从中到西，由半湿润地区过渡到半干旱、干旱区。内蒙古草原区中部是广大的半干旱气候区，形成了典型草原带，年均气温-2~5℃，年降水量250~350毫米，气候湿润度0.3~0.5。西部进入干旱气候区，出现了向荒漠过渡的荒漠草原带，年平均气温在8℃，年降水量约50毫米，气候湿润度0.02~0.06。最西部的阿拉善高原部分地区一年中有三分之一的时间刮大风，沙尘暴达20天以上，呈现为一片荒漠。特殊的气候条件对保护和修缮当地的古迹遗址提出了特殊要求，风大沙多、少雨干燥、年温差大等都对建筑材料、建筑技术有影响。

二、内蒙古人文环境

内蒙古自治区是一个幅员辽阔、历史悠久的地方，是中华文明的重要发祥地之一。草原的游牧文化可以追溯到史前时期，从战国到元代，先后有匈奴、乌桓、鲜卑、柔然、女真、突厥、契丹、蒙古等多个民族在这里生存发展，形成了独特的内蒙古草原文化景观，创造了悠久的草原文化，如大窑文化、红山文化、夏家店文化、朱开沟文化、秦直道文化、匈奴文化、蒙元文化、商旅文化等。内蒙古还拥有"中华第一龙"、草原第一都，以及居全国之首的长城遗存、艺术价值居全国之最的阴山岩画和贺兰山岩画等。

内蒙古自治区是以蒙古族为主体的少数民族自治区，其独特的文化源于游牧民族的生活习俗与生产方式。草原上空旷的自然空间使其文化具有开放、融合与独特的性质。在漫长的历史发展中，内蒙古中西部地区形成了以草原文化为特色、其他文化并存的人文环境。

内蒙古自治区的宗教文化也非常丰富，包括佛教、道教、伊斯兰教等。例如，呼和浩特市的大召寺是玉泉区南部的一座大藏传佛教寺院，赤峰市的清真南北寺也是内蒙古自治区的重要宗教场所之一。宗教文化对内蒙古地区的建筑有着重要的影响，佛教是其中尤其重要的媒介。随着藏传佛教格鲁派（黄教）的传入，藏传佛教文化在内蒙古地区快速生根发芽并发展起来，兴建的大批寺院（召庙）展现出丰富多变的建筑形态。

在现代社会中，蒙元文化得到了广泛的传承和发展，成为内蒙古自治区文化建设的重要组成部分。蒙元文化与古建筑有着密切的关系。在蒙古族传统文化中，建筑是一种重要的文化表现形式，蒙古族的建筑风格具有独特的民族特色。蒙古族的传统建筑主要是蒙古包，这是一种具有特殊形式和结构的移动式住宅，是蒙古族人民的主要居住方式。蒙古包的建造材料主要是木材和毛毡，具有良好的保温性能和透气性能，能够满足蒙古族人民在草原上的生活需要。在内蒙古自治区，蒙古包和元代建筑成为重要的旅游资源，吸引了众多游客前来观赏和体验。同时，蒙古族和汉族的建筑艺术也在相互融合和交流中不断发展，形成了新的建筑风格和文化形态。

第二节 内蒙古古迹遗址的历史沿革

一、内蒙古古迹遗址分布

内蒙古是草原文明的重要发祥地，是中国古代北方游牧民族活动的主要地区，早在20世纪80年代，就被国家文物局认定为全国文物大省区。根据第三次全国文物普查和第一次全国可移动文物普查的结果，全区现有不可移动文物古迹21099处，包括古遗址、古墓葬、古建筑、石窟寺及石刻、近现代重要史迹及代表性建筑等。其中，国家重点文物保护单位149处，自治区文物保护单位578处，盟市旗县文物保护单位2813处，革命文物遗址397处。全区现有173家备案博物馆，其中国有博物馆135家，非国有博物馆38家，馆藏文物1125464件/套（共计1506421件），其中珍贵文物15916件/套。全区有长城7570千米，共13278处遗存点段，占全国长城的31.51%，分布在全区12个盟市、76个旗县（区）。全区文物工作人员2000余人，有自治区级文博事业单位4个，盟市级文博事业单位16个，12个盟市以及103个旗县区均设立了文物相关部门。

近年来，自治区加强了文物保护的法律法规建设，先后颁布了《内蒙古自治区文物保护条例》，出台了《元上都遗址保护条例》《内蒙古自治区人民政府关于加强自治区境内长城保护工作的意见》《内蒙古自治区人民政府关于进一步加强文物工作的实施意见》《内蒙古自治区"十四五"文物事业发展规划》《关于推进博物馆改革发展的实施意见》《"让文物活起来，扩大中华文化国际影响力"贯彻落实举措》等文件，2024年还制定《内蒙古自治区文物建筑三年计划（2024—2026）》，准备实施一批重要革命文物保护修缮工程。[①] 内蒙古自治区所制定的一系列文物保护利用的规划，体现了对古迹遗址保护的系统性、科学性和长期性的规划布局。

内蒙古自治区的古迹遗址分布广泛、数量众多，具有重要的历史、文化和艺术价值。政府和社会各界应该共同努力，加强文物保护工作，推动文化旅游产业的发展，让更多的人了解和认识内蒙古自治区的文化遗产，为中华民族的文化繁荣和发展做出更大的贡献。

二、内蒙古中西部地区国家级重点文物保护单位

内蒙古中西部地区国家级重点文物保护单位分布情况：呼和浩特市19处，包头市11

---

① 内蒙古新闻网. 传承红色基因 内蒙古深入推进革命文物保护利用［EB/OL］. https：//travel. nmgnews. com. cn/system/2024/01/29/013539664. shtml.［2024-01-29］

处，鄂尔多斯市 13 处，乌兰察布市 8 处，巴彦淖尔市 5 处，锡林郭勒盟 8 处，阿拉善盟 4 处，乌海市 1 处。

内蒙古中西部地区国家级重点文物保护单位如表 1-2-1 至表 1-2-8[①] 所示。

表 1-2-1　呼和浩特市国家级重点文物保护单位

序号	名称	年代	类型	所在地
1	万部华严经塔	辽	古建筑	呼和浩特市
2	金刚座舍利宝塔	清	古建筑	呼和浩特市
3	大召寺	明至清	古建筑	呼和浩特市
4	乌素图召	清	古建筑	呼和浩特市回民区
5	席力图召和家庙	清	古建筑	呼和浩特市玉泉区
6	清真大寺	清至民国	古建筑	呼和浩特市回民区
7	和硕恪靖公主府	清	古建筑	呼和浩特市
8	广化寺造像	明至清	石窟寺及石刻	土默特左旗
9	绥远城墙和将军衙署	清	古建筑	呼和浩特市
10	乌兰夫故居	清至民国	古建筑	土默特左旗
11	云中郡故城	战国至隋唐	古遗址	呼和浩特市托克托县
12	大窑遗址	旧石器时代	古遗址	呼和浩特市
13	和林格尔土城子遗址	汉至唐	古遗址	呼和浩特市
14	岔河口遗址	新石器时代	古遗址	呼和浩特市
15	丰州故城遗址	辽金元	古遗址	呼和浩特市
16	白塔火车站旧址	1947—1948 年	近现代重要史迹及代表性建筑	呼和浩特市
17	天主教堂	1924 年	近现代重要史迹及代表性建筑	呼和浩特市回民区
18	王昭君墓	汉	古墓葬	呼和浩特市
19	和林格尔东汉壁画墓	东汉	古墓葬	和林格尔县

表 1-2-2　包头市国家级重点文物保护单位

序号	名称	年代	类型	所在地
1	美岱召	明	古建筑	土默特右旗
2	五当召	清	古建筑	包头市
3	昆都仑召	清	古建筑	包头市

---

① 看完这份"国保"名单，不要再说内蒙古只有草原啦！[EB/OL]. (2020-08-02) [2022-01-17]. https://mp.weixin.qq.com/s/71Ux1_bvc-FZ8YN7xyWGcw.

续表

序号	名称	年代	类型	所在地
4	麻池城址和召湾墓群	汉	古建筑	包头市
5	白灵淖尔城址	南北朝	古遗址	固阳县百灵淖乡城圐圙村
6	安答堡子城址	金至元	古遗址	达尔罕茂明安联合旗
7	固阳秦长城遗址	秦	古遗址	固阳县
8	敖伦苏木城遗址	元	古遗址	达尔罕茂明安联合旗
9	阿善遗址	新石器时代	古遗址	包头市
10	燕家梁遗址	元	古遗址	包头市九原区
11	百灵庙起义旧址	1936年	近现代重要史迹及代表性建筑	达尔罕茂明安联合旗

表 1-2-3　鄂尔多斯市国家级重点文物保护单位

序号	名称	年代	类型	所在地
1	成吉思汗陵	1954年迁建	古墓葬	伊金霍洛旗
2	准格尔召（宝堂寺）	明	古建筑	鄂尔多斯市
3	沙日特莫图庙	清	古建筑	杭锦旗
4	萨拉乌苏遗址	旧石器时代	古遗址	乌审旗
5	朱开沟遗址	新石器时代至商	古遗址	伊金霍洛旗
6	寨子圪旦遗址	新石器时代	古遗址	准格尔旗
7	秦直道遗址	秦	古遗址	鄂尔多斯市
8	霍洛柴登城址	汉	古遗址	杭锦旗
9	十二连城城址	隋至唐	古遗址	准格尔旗
10	城川城址	唐	古遗址	鄂托克前旗
11	"独贵龙"运动旧址	1919—1921年	近现代重要史迹及代表性建筑	乌审旗
12	阿尔寨石窟	西夏至明	石窟寺及石刻	鄂尔多斯市
13	桌子山岩画群	新石器时代	石窟寺及石刻	鄂尔多斯市鄂托克旗，乌海市海勃湾区、海南区

表 1-2-4　乌兰察布市国家级重点文物保护单位

序号	名称	年代	类型	所在地
1	岱海遗址群	新石器时代	古遗址	凉城县
2	庙子沟遗址	新石器时代	古遗址	察哈尔右翼前旗
3	克里孟城址	汉至南北朝	古遗址	察哈尔右翼后旗

续表

序号	名称	年代	类型	所在地
4	净州路故城	金至元	古遗址	四子王旗
5	砂井路总管府故城	元	古遗址	四子王旗
6	四子王旗王府	清	古遗址	四子王旗
7	集宁战役旧址	1946年	近现代重要史迹及代表性建筑	乌兰察布市集宁区
8	内蒙古自治区政府成立大会会址	1947年	近现代重要史迹及代表性建筑	乌兰察布市等

表1-2-5 巴彦淖尔市国家级重点文物保护单位

序号	名称	年代	类型	所在地
1	朔方郡故城	汉	古遗址	磴口县、巴彦淖尔市
2	沃野镇故城	汉至南北朝	古遗址	乌拉特前旗
3	新忽热古城址	元、明	古遗址	乌拉特中旗
4	阴山岩画	新石器至青铜时代	石窟寺及石刻	乌拉特前旗、乌拉特后旗、乌拉特中旗、磴口县
5	马鬃山墓群	商周至汉	古墓葬	乌拉特中旗

表1-2-6 锡林郭勒盟国家级重点文物保护单位

序号	名称	年代	类型	所在地
1	元上都遗址	元	古遗址（世界文化遗产）	正蓝旗
2	金斯太洞穴遗址	旧石器时代、商	古遗址	东乌珠穆沁旗
3	四郎城古城	金、元、明	古遗址	正蓝旗
4	砧子山古墓群	元	古墓葬	多伦县
5	恩格尔河墓群	元	古墓葬	苏尼特左旗
6	汇宗寺	清	古建筑	多伦县
7	贝子庙	清	古建筑	锡林浩特市
8	诺尔古建筑群	清	古建筑	多伦县

表1-2-7 阿拉善盟国家级重点文物保护单位

序号	名称	年代	类型	所在地
1	定远营	清	古建筑	阿拉善左旗
2	巴丹吉林庙	清	古建筑	阿拉善右旗
3	曼德拉山岩画群	新石器时代至清	石窟寺及石刻	阿拉善右旗
4	居延遗址	汉	古遗址	额济纳旗

表 1-2-8　乌海市国家级重点文物保护单位

序号	名称	年代	类型	所在地
1	桌子山岩画群	新石器时代	石窟寺及石刻	乌海市桌子山

三、古迹遗址的历史脉络

（一）内蒙古地区的史前遗迹

1. 旧石器时代

内蒙古地区历史悠久，物质文化遗存最早可追溯到旧石器时代，在中西部地区最具代表性的是大窑文化和萨拉乌苏文化。

大窑文化遗址位于呼和浩特市东北郊保合少乡大窑村的兔儿山、骆驼山和凤凰山三座山上，是旧石器时代的石器工具制作场，面积约 200 万平方米。1996 年，三大窑文化遗址被确认为已知的国内外面积最大的古人类石器制造场，也是我国罕见的大型旧石器制造遗址。大窑遗址中不仅有旧石器时代早、中、晚期的遗存，还有中石器时代和新石器时代的遗存。旧石器时代早期距今 315000±28000 年，晚期距今 27000±10000 年。

萨拉乌苏文化遗址位于鄂尔多斯市乌审旗萨拉乌苏河流域。萨拉乌苏，蒙语是"黄水"的意思，这里的河水是黄河的一条支流，呈浑黄状。这一旧石器时代晚期古人类遗址出土了人类化石、动物化石、石器和用火遗迹及一些细小石器等文化遗存，是中国最早发现早期人类石器工业的地点之一，也是第一批有可靠年代学依据的旧石器时代古人类遗存，还是内蒙古地区至今所知最早的人类活动遗迹。遗迹中发现一颗人的石化门齿，经加拿大学者步达生研究，定名为"Ordos Tooth"（鄂尔多斯人牙齿）。我国考古学家裴文中将其译作"河套人"，并称这一旧石器时代文化为"河套文化"，后定名为"萨拉乌苏文化"。研究表明，河套人生活在距今 7 万年到 10 万年左右。此外，在萨拉乌苏河河畔还发现许多动物化石残片，达 45 种之多，后命名为"萨拉乌苏动物群"[1]。1992 年，萨拉乌苏文化遗址被列为旗级重点文物保护单位，划定了诸遗址点的保护范围，2001 年被国务院公布为第五批全国重点文物保护单位。2017 年出版的《萨拉乌苏河晚第四纪地质与古人类综合研究》[2] 是推进萨拉乌苏河文化遗址保护与建设的翔实资料来源。2019 年，范金山藏品陈列馆对外开放[3]，以纪念范金山从 1956 年开始的考古向导之路，展示了向当地文物管理所捐献的动物化石、石器、铜器、陶器等。

金斯太洞穴遗址位于锡林郭勒盟东乌珠穆沁旗阿拉坦合力苏木的东海尔汗山，是旧石

---

[1] 杨泽蒙. 萨拉乌苏探秘[C]//鄂尔多斯市鄂尔多斯学研究会.《鄂尔多斯学研究成果丛书》历史类会议集. 2012：79-109.
[2] 李保生. 萨拉乌苏河晚第四纪地质与古人类综合研究[M]. 北京：科学出版社，2017.
[3] 郭伟伟. 萨拉乌苏文化遗址："河套人"的故乡[N]. 内蒙古日报（汉），2022-06-09（6）.

器时代至商周时期草原先民居住的洞穴遗址。金斯太洞穴宽 16 米、洞内窄处 4 米，深 24 米，出土了大量的动物骨骼、石制品、骨器及陶器，其中野马的石化骨骼最多，还发现了少量的青铜制品和用火遗迹，是中国北方重要的早期人类遗址。[1] 2013 年，被国务院公布为第七批全国重点文物保护单位。

2. 新石器时代

内蒙古迄今已发掘的新石器时代遗址有 100 多处，分布在锡林郭勒草原、乌兰察布丘陵南部和阴山山脉南麓、鄂尔多斯高原、阿拉善高原等地区，中西部地区代表性文化主要有石虎山后冈一期文化、仰韶文化王墓山类型、海生不浪文化、老虎山文化等。

乌兰察布市凉城县岱海地区属大陆性季风气候区，冬季干冷漫长，夏季干热短暂。岱海遗址群由王墓山、老虎山、园子沟等多处典型遗址组成，总面积约 17 万平方米，是第五批全国重点文物保护单位。这些遗址涵盖了仰韶文化一至三期，不仅发现了保存良好的房屋建筑、房基面，而且发现了大量遗物。岱海仰韶一期以石虎山聚落为主，该聚落发现房屋 14 座，是一个小型的、以一所大房子为核心的氏族社会。房屋多选在背风向阳之地，以木柱承重，顶盖可能使用粗椽细枝，再搭草敷泥。仰韶二期以王墓山坡下聚落为代表，距岱海水面只有 20 多米，发现了马鹿、水牛等大型哺乳动物的骨骼。遗址的发现始于 1986 年，仅岱海沿岸就发现新石器时代、青铜时代文化遗址 30 余处，其中属于仰韶文化的王墓山遗址最具代表性，遗址位于山脚处，靠近坡上中间有一座大房址，房前是一片广场，广场下部分布着一排排小房址，王墓山遗址已清理出半地穴式房址 21 座、灰坑 15 个，距今 6000 年至 5000 年（图 1-2-1）。

图 1-2-1　王墓山坡下遗址[2]

老虎山文化石城聚落群主要有三处：岱海石城聚落群、包头大青山南麓石城聚落群和准格尔旗与清水河县之间的南下黄河两岸石城聚落群，以凉城县老虎山遗址最具代表性。房屋建筑有围墙，依山坡呈规律性排列，每隔一段距离有 2~3 间为一组，靠近水源处有炼制陶器的窑址区。老虎山遗址是老虎山文化的命名地，总面积约 13 万平方米，已清理

---

[1] 王晓琨，魏坚，陈全家，汤卓炜，王春雪. 内蒙古金斯太洞穴遗址发掘简报［J］. 人类学学报，2010，29（1）：15-32.
[2] 内蒙古文物考古所等. 岱海考古（三）［M］. 北京：科学出版社，2003.

出半地穴式房址 68 座、灰坑 34 个、窑址和墓葬各 3 座，其年代为距今 4500 年至 4300 年。园子沟遗址总面积约 16 万平方米，已清理出窑洞式或半地穴式房址 87 座、灰坑 4 个、窑址 6 座。房址均沿等高线成排分布，居住面及墙壁上抹有白灰面，这批保存较好、布局有序、形制规范的窑洞式房屋在国内同期遗址中较少见。《岱海考古》（一）、（二）、（三）提供了最翔实的岱海考古挖掘报告。

海生不浪文化遗址位于呼和浩特市托克托县海生不浪村，聚落外均有壕沟环绕，房址多为一排排分布。受自然环境和人文环境的影响，海生不浪文化在不同地区又划分为庙子沟类型、白泥窑子类型和阿善类型。庙子沟遗址是目前内蒙古中南部地区发掘面积最大、遗迹保存最完整、出土遗物最为丰富的遗址。庙子沟遗址位于乌兰察布市察右前旗乌拉哈乌拉乡庙子沟村南山坡上，发现房子 52 座、灰坑和窖穴 139 座、墓葬 42 座，是相当于仰韶文化晚期的聚落遗址，距今约 5500 年。庙子沟遗址的房子均为半地穴式，多为圆角方形或长方形，也有梯形，门道基本向东，背风向阳。建造时首先选择平整的地面，后向下挖掘坑穴、门道、灶坑、窖坑、柱洞。房子内外均有窖穴、灰坑。每座房子的窖穴和居住面上，均有成套的生产工具和生活用具等。[1] 白泥窑子位于清水河县喇嘛湾东北，是新石器—青铜时代的文化遗存。发掘面积总计 1000 多平方米，发掘出房址、窖穴、屋外灶址十余处，以及作为古代先民生产工具和生活用具的陶器、石器和各种文物标本等，包含仰韶中期—龙山时代的白泥窑子文化、阿善文化、朱开沟文化等多种文化遗存。[2]

阿善遗址位于包头市东河区阿善沟门村东圪膝盖沟两旁的台地上。东台地俗名东脑包梁，西台地俗名西脑包梁，圪膝盖沟穿行于两台地之间，沟里常年泉流不绝，汇入黄河。阿善是蒙古语"甘泉"的意思。阿善遗址是一处面积约 5 万平方米的原始村落遗址，属于距今 6000 年至 4200 年的新石器时代村落文化遗存，沿遗址居住区边缘有石砌围墙遗迹。遗址范围内大部已辟为耕地，边缘地带未经耕扰的地表，裸露出许多地面石筑房子的墙基。阿善遗址还包含极少青铜时代及其以后的文化遗存，出土文物丰富，以石器、骨器和陶器为主，发掘房址 24 座、窖穴 220 个、墓葬 3 座、遗物 1600 多件。[3] 2006 年被国务院批准列入第六批全国重点文物保护单位。

寨子圪旦遗址位于鄂尔多斯市准格尔旗，是中国北方地区迄今为止发现的时代最早的具有石筑围墙的遗址。寨子圪旦遗址的石筑围墙依山顶部的自然地形而建，平面形制不大规整，略呈椭圆形，南北长 160 米，东西宽 110 米，面积约 1.5 万平方米，属于履行宗教事务的祭坛遗迹。寨子圪旦遗址的时代，属于距今约 5000 年的仰韶文化向龙山文化过渡的阶段，与古埃及建造时代最早的金字塔大体相仿，被学者称为中国"金字塔"。[4] 2013

---

[1] 七十四. 庙子沟遗址研究 [D]. 呼和浩特：内蒙古师范大学，2013.
[2] 崔树华. 内蒙古清水河县白泥窑子遗址 BA 点遗存考古报告 [J]. 赤峰学院学报（汉文哲学社会科学版），2022，43（3）：45-56.
[3] 郝建平. 国家级物质文化遗产——阿善遗址 [J]. 实践（思想理论版），2012（7）：53.
[4] 赵曦，杨泽蒙. 寨子圪旦遗址探秘 [N]. 内蒙古日报（汉），2010-04-19（7）.

年被国务院批准列入第七批全国重点文物保护单位。

阴山岩画①是在阴山山脉岩石、崖壁上雕凿镂刻的图像，主要集中在巴彦淖尔市的乌拉特等旗县境内。阴山岩画题材极为丰富，展现了我国北方草原上的少数民族狩猎、交战、祭祀等场景，包括动物、人物、飞禽及人类的狩猎、围猎、放牧、舞蹈、征战、巫术以及日月星辰、圆穴、记事等大量的图案、符号、标记等，创作于新石器时代至青铜时代，多数由原始氏族制作而成，还有少数是匈奴、党项、突厥、蒙古族的作品。阴山岩画在战国《韩非子》中就有记载，北魏地理学家郦道元描述得更清楚。他在《水经注》②中记述："河水又东北历石崖山西，去北地五百里，山石之上，自然有文，尽若虎马之状，粲然成著，类似图焉，故亦谓之画石山也。"内蒙古考古工作者就是按照《水经注》中的线索，在西起阿拉善左旗、中经磴口县、东至乌拉特中后旗的东西长约300千米、南北宽40~70千米的阴山狼山地区发现了近万幅岩画。2016年，在乌拉特中旗境内新发现上千幅阴山岩画，内容以动物和狩猎为主，反映出当时的生活以狩猎业和畜牧业为主。动物岩画大约占全部岩画的90%（图1-2-2），图案内容包括北山羊、盘羊、骆驼、麋鹿、虎、狼等。据初步推算，这些岩画是我国古代北方游牧民族突厥、党项部落的文化遗存。学者盖山林经过多次田野考察，撰写了《阴山岩画》《丝绸之路岩画研究》等著作，为岩画的研究提供了最权威的资料。2022年起施行的《巴彦淖尔市阴山岩画保护条例》指出阴山岩画是不可再生文化遗存，对阴山岩画的保护做出了详细规定。2006年，阴山岩画被国务院批准列入第六批全国重点文物保护单位。

图1-2-2　内蒙古乌拉特中旗昂要苏木诺门温格尔猎北山羊岩画③

岔河口遗址位于清水河县浑河与黄河交汇处的台地上，东、南、西三面濒临河流。遗址主体处于台地顶端，有不同时期的半地穴式房址、坑穴和陶窑、陶器、动物骨骼等遗

---

① 王雁飞. 内蒙古阴山岩画的历史文化意义［J］. 艺术评论，2015（3）：141-144.
② 引用文献：内蒙古商报. 阴山岩画：古代北方文明的千里画廊［EB/OL］. 2023-05-16. http://szb.nmgsb.com.cn/content/16/022517.html.
③ 盖山林，盖志浩. 丝绸之路岩画研究［M］. 乌鲁木齐：新疆人民出版社，2009，110.

迹，面积近 6 万平方米。岔河口遗址几乎涵盖了内蒙古中南部地区距今 6500~4000 年前整个仰韶时期不同发展阶段的文化遗存。遗址外围是挖筑规整的圆形环壕，呈封闭状，环壕内分布着大量仰韶时期不同阶段的成排房址及周围少数的灰坑、墓葬等。岔河口遗址是内蒙古中南部地区规模最大、保存较好的新石器时代的遗址之一①，是国家第八批重点文物保护单位。

桌子山岩画群②分布在桌子山脉诸多山沟的悬崖峭壁和沟畔石灰岩磐石上。古代羌、乌桓、鲜卑、突厥、回鹘（纥）、党项、蒙古等游牧民族都曾在这里繁衍生息，创造了灿烂的古代文明。在桌子山脉北麓东部，发现了近 2 万平方米的新石器时代聚落遗址，地表遍布磨制石器和彩陶残片。这些重要发现足以说明，早在新石器时代，这里就有先民活动。桌子山岩画以研磨和凿刻为主，是我国北方游牧民族的历史文化遗迹，主要分布在召烧沟、苦菜沟、毛尔沟、苏白音沟、苏白音后沟、雀儿沟。其中召烧沟岩画最为集中，为山地缓坡岩画，岩画内容有人物、动物、日月星辰、图腾符号（图 1-2-3 和图 1-2-4③）。与阴山多以动物岩画为主不同，召烧沟岩画人面像占到 80% 以上，是我国乃至世界上最大的一处以祭祀太阳神为主题的岩画群。分布在其他几个地区的为悬崖峭壁岩画，以狩猎、牧羊图为主，有少量人面像，为青铜时代游牧人的遗迹。2001 年，召烧沟岩画经翻模复制，陈列于乌海博物馆，召烧沟修建了封闭保护场馆。桌子山岩画群是国家第七批全国重点文物保护单位。

图 1-2-3　人面像　　　　　图 1-2-4　太阳神

3. 青铜器时代

青铜器时代在内蒙古中西部地区最具代表性的文化是朱开沟文化④，此类文化遗存的

---

① 内蒙古文物考古研究所. 清水河县岔河口新石器时代遗址调查 [J]. 内蒙古文物考古, 2003 (2)：1-15.
② 常芳芳. 桌子山岩画考 [J]. 阴山学刊, 2006 (1)：65-71.
③ 同②：67.
④ 魏坚, 冯宝. 试论朱开沟文化 [J]. 考古学报, 2020 (4)：461-484.

分布范围北起阴山以南，南至窟野河水系，西到鄂尔多斯高原东部，东达洋河流域。朱开沟文化的生态环境经历了从森林草原向草原环境演变的过程，由于干冷气候的发展，为了寻找适宜的生存环境，开始由传统农业转向半农半牧及畜牧业，也开始产生中原华夏各族和北方民族的分野。朱开沟遗址位于伊克昭盟（现鄂尔多斯市）伊金霍洛旗陶亥镇朱开沟村，占地 4000 平方米，分 7 个地区，其中 6 个地区为龙山文化至早商时期的遗存，在遗址晚期的墓葬中，发现了时代较早的鄂尔多斯青铜短剑、青铜刀及随身佩戴的青铜装饰品等。在遗址处共发现居住房址 87 座、灰坑（或窖穴）207 个、墓葬 329 座、瓮棺葬 19 座，还出土了大量的陶器、石器、骨器、铜器及动物骨骼。房址多为单间建筑，从保存较好的房址可确认多为半地穴式、浅地穴式和地面建筑，建筑方式也从最初的黄土砸墙体转变为木骨泥墙式。《朱开沟遗址——青铜时代早期遗址发掘报告》① 为后续的研究提供了详细的考古资料。2006 年，朱开沟遗址被国务院公布为第六批全国重点文物保护单位。

（二）春秋时期至 3 世纪初的古迹遗址

1. 春秋时期至 3 世纪初的古迹遗址

春秋战国时期，北方游牧民族主要有林胡、楼烦、东胡和匈奴等，战国后期，燕、赵、秦国的领土就已拓展到今天的内蒙古地区，中原的华夏民族开始在此定居。内蒙古中西部地区最具代表性的赵长城遗迹，是赵武灵王建起的军事防御线，从内蒙古兴和县北部开始，傍阴山山脉的灰腾梁山、大青山和乌拉山向西，至临河石兰计山口止，赵长城以南的呼和浩特平原及周边地区成为赵国疆土，由云中、雁门等郡所辖。云中郡故城遗址位于呼和浩特市托克托县古城村古城，也是古代内蒙古地区建造年代最早、规模较大的城池之一，原为一方形小城，当是官署所在。其城垣周长约 8 千米，呈不规则状，墙体夯筑，东、西、北三面城墙破坏严重，唯南城墙存留较完整。城中心的古建筑台基，被当地人称为"钟鼓楼"，出土了北魏时期的各种瓦当和一尊鎏金铜佛像。故城外西北有古墓群，出土了一批战国时期的刀币和布币。托克托博物馆中陈列着云中郡故城遗址及附近古墓葬出土的战国、秦汉、北魏时期的各种瓦当。② 2013 年，云中郡故城被国务院公布为第七批全国重点文物保护单位。

2. 秦汉时期的古迹遗址

在先秦到秦汉时期的内蒙古地区，游牧民族与农耕民族之间通过和平交往和战争相互影响、交融碰撞。公元前 221 年，秦始皇统一六国，公元前 215 年，派大将军蒙恬率 30 万大军将匈奴逐至阴山以北，夺取河南地（今鄂尔多斯高原西北），并渡河占据北假地，即今之狼山、色尔腾山和明安川一带，另修建一道长城，跨越了原来的北部防线赵长城。秦长城东起辽东郡（今辽宁省东部），西至陇西郡临洮（今甘肃省岷县境），全长一万多

---

① 内蒙古自治区文物考古研究所，鄂尔多斯博物馆. 朱开沟——青铜时代早期遗址发掘报告 [M]. 北京：文物出版社，2005.
② 阿荣. 古郡风烟尤可观 [N]. 内蒙古日报（汉），2020-11-05（11）.

里，因此有了"万里长城"的称谓。《史记·秦始皇本纪》载："又使蒙恬渡河，取高阙、阴山、北假中，筑亭障，以逐戎人。"这便是蒙恬在西起乌拉特草原，东行固阳县、武川县到呼和浩特北，沿狼山、乌拉山、色尔腾山、大青山一线阴山山脉上修筑秦长城的历史记录。固阳秦长城遗址是目前保存最好的秦长城遗址，包括了秦长城所有建筑类型，被专家称为"秦长城博物馆"，较为完好的有银号镇天盛城长城、金山镇康图沟长城、西斗铺段长城。秦长城横穿固阳县中部3个镇，自西向东，全长85千米（原认定全长约120千米），沿线内侧的高地上或最高的山头上筑有157座烽火台。[①] 固阳县九分子乡段秦长城长约12千米，石块垒筑，有烽火台4座，以石块干砌而成，成为烽燧遗址。在这段秦长城约三千米的内侧，朝南凿刻着百余幅阴山岩画（已发现107幅），有北山羊、骆驼、驼鹿、蛇、舞者、骑士等，还有突厥文形的符号，具有浓厚的北方游牧民族的生活气息。在秦长城附近，还有蒙恬大将军的点将台、匈奴万箭穿石处等历史遗迹。1996年，固阳秦长城被列为全国重点文物保护单位。

始修于秦始皇三十五年至三十七年（公元前212年至公元前210年）的秦直道遗址，位于内蒙古自治区鄂尔多斯市、陕西省旬邑县。最早记载秦直道的文献是《史记》，但也仅记载了直道的起点、终点及长度。秦直道遗址南起云阳（陕西淳化县），经过陕西、甘肃和内蒙古三个省、自治区，穿越15个县，北达九原（内蒙古自治区包头市麻池古城）。全长700余千米，是秦始皇命蒙恬监修的一条军事要道。自秦至隋唐，秦直道一直沿用。宋代以后，秦直道整体路段开始废弃。在秦直道遗址发掘中心区直道狭窄处两侧的建筑基址中，露出数处夯土碛墩和置于碛墩之上的石柱础。从残存碛墩的布局看，道路两侧各建有一排房屋。此外还发现了路面、车辙遗迹以及脚印等。2006年，秦直道遗址被公布为第六批全国重点文物保护单位。

王昭君墓传为汉代王嫱（字昭君）之墓，位于呼和浩特市区南12千米的大黑河南岸。西汉建昭二年（公元前37年），昭君入宫，竟宁元年（公元前33年）正月，呼韩邪第三次朝汉，自请为婿，娶汉宫女王嫱（昭君）为妻，号为宁胡阏氏，史称"昭君出塞"。[②] 昭君为汉匈两族人民和平交往奉献一生。墓园门口为仿汉式阙楼，墓冢为人工夯筑、高达33米的大土丘，占地3万平方米，墓前有平台及阶梯相连，与中原地区汉代帝王陵墓的形制很相似。第二层平台及墓顶各建有一亭。墓前侧有文物陈列室，展出昭君相关文物。后侧竖立有历代歌颂昭君功绩的8通石碑，石碑前方有1987年落成的呼韩邪单于与王昭君马上并辔而行的大型铜铸雕像，旁有石羊、石鹿、石马和石驼的陪伴。

汉王朝在漠南地区置五原郡、朔方郡，辖境在今天的巴彦淖尔、包头市和鄂尔多斯市一带。霍洛柴登城址位于杭锦旗霍洛柴达木苏木，城垣周长5000余米，遗址面积达400万平方米。霍洛柴登古城中曾发现"西河农令""中营司马"等汉代官印，西部坡地上发

---

① 郭慧. 固阳秦长城遗址的保护与旅游开发研究 [J]. 当代旅游（高尔夫旅行），2018（1）：7-8.
② 范晔，李贤. 后汉书 [M]. 北京：中华书局，1965：2941.

现多处烧制陶器窑址，出土大量陶片、板瓦、菱格纹砖等。据城内出土"西河农令"铜印及有关文物推测，其年代约在汉武帝至王莽时期，属西河郡辖地，在当时是西汉王朝控制北部边疆的重要前沿阵地。古城平面呈长方形，东西长1446米，南北宽约1100米。城内中部有一条东西向街道，宽约50米。西侧中部有大型建筑台基，其东北部有铸钱遗址，东北角是一处规模较大的铸铁遗址。城东、南、西三面有墓葬，规模较大，有竖穴土坑、砖室、土洞墓等。古城内还多次发现钱范烘焙窑、铸币窑以及钱币窖藏，曾一次发掘出土约3500公斤古钱币，大多为常见的汉代钱币——"货泉"。古城内的铸币窑址分布井然有序，窑址附近还发现制晒坯场地，有五座烧制陶器窑址，整个作坊布局合理，应是统一规划建造而成。① 2006年被公布为第六批全国重点文物保护单位。

西汉在内蒙古部分地区实行郡县制，其中定襄郡的治所在成乐（今和林格尔县土城子乡）。和林格尔土城子遗址位于和林格尔县城北12千米，是汉至唐代的故城遗址。城址呈不规则多边形，东西长1550米，南北长2250米，总面积约349万平方米。城门、瓮城、角楼以及建筑基址保存基本完好，城内街道依稀可辨。城址平面分三区。城南区存南墙和东墙南段，建于战国，盛于西汉，北魏时修缮。北区现存东、西、北墙和西南墙，主要属唐代遗址。中区现存东、北墙，可能为辽、金、元城址。1960年起，在城址及城外发掘了自春秋晚期至辽金元不同历史时期的古代墓葬2755座②，出土了北魏镶嵌宝石金猪佩饰、唐三彩鹦鹉提壶、贴塑塔形釉陶器及北魏、唐壁画墓等。2006年被公布为第六批全国重点文物保护单位。2021年7月，文物出版社出版《盛乐遗珍——内蒙古和林格尔土城子古城遗址出土文物精品》。2022年11月，科学出版社出版《内蒙古和林格尔土城子（五）：辽、金、清代墓葬发掘报告（1997—2007）》反映了内蒙古自治区文物考古部门对古城遗址及周边墓葬进行多年抢救性考古发掘，累计发掘的春秋战国至清代墓葬2000余座中，22座辽代墓葬、1座金代墓葬、8座清代墓葬的全面情况。这些都是和林格尔土城子研究的重要成果。

和林格尔东汉壁画墓位于和林格尔县新店子乡小板申村，是目前为止全国发现的汉代壁画最多、内容最多、榜题最多的墓葬（图1-2-5）。和林格尔东汉壁画墓的主人是东汉王朝中央政府派遣到北方民族杂居地区的重要官员，庄园图是他晚年生活的真实写照。这座汉墓以青灰色条砖建造而成，是由墓道、墓门、前室、中室、后室和三个耳室构成的具有六个墓室的穹庐顶砖室墓。墓室地面铺有刻有隶书"子孙繁昌富乐未央"的方砖，在墓门到各墓室四壁的砖面上，涂有厚度约一厘米的白灰，白灰表面绘有大量壁画，共有57幅，面积达百余平方米，榜题有250多项，700余字，通过这些壁画和榜题可以了解墓主人和当时社会情况的多方面信息。从图1-2-5中可以看出，壁画反映的内容丰富，如出行图、牧马图、墓主人的事迹图、舞乐百戏图、城市和官署建筑图等，反映了汉代统治阶级

---

① 李晓钢. 汉代西河郡的考古学观察［D］. 呼和浩特：内蒙古师范大学，2022：92-94.
② 刘玉成. 内蒙古和林格尔县土城子遗址战国时期居民的牙齿研究［D］. 长春：吉林大学，2011：2.

的真实生活。壁画中的"离石场府舍""土军城府舍""繁阳县令官寺""渭水桥""居庸关"等各种建筑物，都是研究汉代建筑样式、制度、用途、结构的重要资料，"武城图"则反映出东汉时期位于边疆地区的武城县与当时内地城市的布局是完全一样的。2013年，和林格尔东汉壁画墓被公布为第七批全国重点文物保护单位。

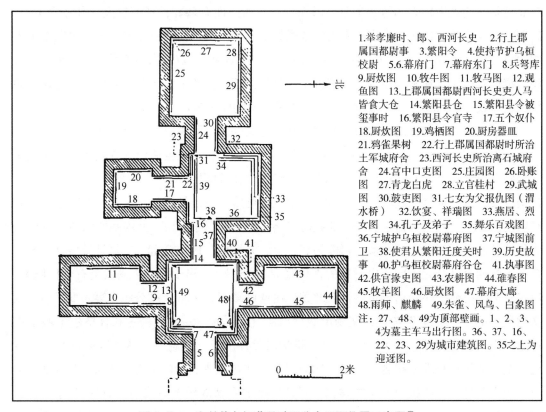

图 1-2-5　和林格尔汉墓及壁画分布平面位置示意图①

麻池城址位于包头市九原区麻池乡政府西北约 800 米处，南紧邻麻池—哈林格尔公路，又称麻池古城，是西汉时期包头地区最大的、保存最好的古城郭遗址。与古城关系最密切的是分布在城东、西、北三个方位的汉代墓葬群，其中古城西南的召湾、西壕口、张龙圪旦和以东的城梁、化工厂一带是汉墓分布相对集中的地区。召湾墓群位于包头市南郊，分布在九原区麻池镇召湾村与召湾后村之间的一道土梁上，有上百座汉代墓葬。自 20 世纪 50 年代以来，考古人员陆续清理墓葬 97 座，形制有木椁墓、砖室墓、土洞墓三类。②分布着墓群的土梁也是秦直道的起点。土筑城墙除北城西南角平整土地被破坏外，其他保存较好。北城北墙中段和南城西墙、南墙中段各设宽 15 米的门。20 世纪 50 年代曾发现印有"万石"字样的砖。包头地区战国、秦、汉长城，多略呈方形，分布很有规律，所在位

---

① 和林格尔发现一座重要的东汉壁画墓 [J]. 文物，1974（1）：8-23+79-84.
② 郭建中，车日格. 黄河包头段沿岸汉代古城考 [J]. 内蒙古文物考古，2007（1）：42-56.

置一般都是阴山南北的交通要道，麻池古城正好面对昆都仑沟的南口，显然在军事上有重要地位。从面积上看，麻池古城的南北二城面积都在650×650平方米以上，属县一级的城址。北城建城时代较南城早，应是作为秦直道起点的九原城，南城为汉代五原郡临沃城。2006年，麻池城址被公布为第六批全国重点文物保护单位。

朔方郡故城位于巴彦淖尔市及市西南磴口县，占地2250万平方米。朔方郡故城主要有临戎古城遗址（今磴口县补隆淖镇河壕村西、京藏高速公路西约500米处的河拐子古城），面积900万平方米；三封古城遗址（今磴口县哈腾套海苏木南的麻弥图古城址），面积40万平方米；窳浑古城遗址（今磴口县沙金套海苏木西南约3000米处的土城子古城）；面积约5万平方米；沃野镇古城遗址（今临河区黄羊木头镇脑高二社南约500米处的黄羊木头古城），面积约35万平方米；临河古城遗址（今五原县塔尔湖镇西北30千米处的五星村古城），面积约12万平方米。① 周朝（西周）西伯姬昌派大将南仲修筑朔方城。西汉武帝元朔二年（公元前127年），置朔方郡，下设窳浑县（窳浑古城遗址）、临河县（临河古城遗址）。汉武帝元朔五年（公元前124年），朔方郡下设临戎县（临戎古城遗址）。汉武帝元狩三年（公元前120年），朔方郡下设三封县（三封古城遗址）和沃野镇（沃野镇故城）。2006年，朔方郡故城被公布为第六批全国重点文物保护单位。

居延遗址分布在甘肃省金塔县和内蒙古自治区额济纳旗境内，包括汉代张掖郡居延、肩水两都尉所辖边塞上的烽燧和塞墙等遗址在内，共有遗址群160余处。北起额济纳旗苏泊淖尔东南方，沿额济纳河两岸，延伸至甘肃省金塔县以南地方，全长约250千米。西汉武帝时，为了防御匈奴入侵，于太初三年（公元前102年）派遣强弩都尉路博德沿弱水（今额济纳河）两岸修筑了防御塞墙和烽燧，并修筑了若干城、鄣、关、亭。其东北方与光禄勋、徐自为在五原塞外所筑外长城相接，西南方与酒泉郡所筑塞墙连接，是汉通西域的交通要道和河西走廊的屏障，也起到了切断匈奴与羌联系的作用，在汉对匈奴的战略上有特殊的意义②。东汉末年废弃。1930年，中瑞西北科学考察团在居延遗址发现汉简1万余枚，内容涉及汉代社会的政治、军事、经济、文化、科技等诸多领域，不仅记录了居延地区的屯戍活动，还保存了一批从西汉中期到东汉初年的官方文书。1988年4月，居延遗址被国务院公布为全国第三批重点文物保护单位；2005年6月，遗址内的西夏、元时期的黑城遗址被国务院公布为第五批全国重点文物保护单位，并归入居延遗址。

（三）魏晋南北朝时期的古迹遗址

3世纪初至6世纪末，随着匈奴、乌桓和鲜卑族的大批南迁入塞，内蒙古地区又出了契丹、库莫奚、乌洛侯、室韦、柔然、敕勒和突厥等族。

白灵淖尔城址位于固阳县百灵淖乡城圐圙村，又名怀朔镇故城，建于北魏始光年间

---

① 孟洋洋. 西汉朔方郡属县治城考[J]. 西夏研究, 2016（3）: 90-96.
② 裴海霞. 浅谈居延大遗址的保护及其文化产业发展[J]. 丝绸之路, 2016（4）: 60-61.

(424—428年），永熙三年（534年）废弃。白灵淖尔城址平面略呈不规则五边形，东南角为凸形，有一座佛教殿堂遗址——"土窑"，出土了全国罕见的泥塑佛像，并有铜菩萨塑像、石臼、陶罐等北魏时期的文物，现存32个柱础和础坑，柱础大部分尚存。古城中城西为官署和寺庙建筑用地，东北为居民区。城址中可以见到的地面建筑遗迹都集中在西区。这一带地势较高，虽经耕扰，但地表上仍然可以看到瓦砾堆和建筑物基址。基址上遍布瓦砾，有筒瓦、板瓦和瓦当等，此外还有钱币和兽牙等遗物。① 与之相邻的几处建筑遗存虽规模略小，但也都是砖瓦结构。怀朔镇在北魏时期河套及阴山地区政治、经济和军事方面占有重要的地位，历经一个多世纪，期间几乎经历了北魏王朝兴衰的全部历程。② 2006年，白灵淖尔城址被国务院公布为第六批全国重点文物保护单位。

沃野镇故城位于巴彦淖尔市乌拉特前旗，建于北魏，是鲜卑族为抵御柔然部落而建造的，是北魏重镇和交通要冲。沃野镇是北魏六镇从西第一镇，对中国历史进程产生过重要影响的北魏六镇起义就发生在此地。与沃野镇相关的古城有脑高古城和什拉召古城，其墙体已被覆盖、难寻踪迹，根子场古城被认定是沃野镇的最后镇址。故城为中、东、西三城连城，呈"凸"字形。城东北角有一高大夯土堆，可能是角楼遗址。城墙早已坍塌成土垒，中城向南开一门，门东、西两侧有高大土堆，为古镇城的瞭望楼遗址，地表散见少量灰陶布纹板瓦、水波纹陶片等典型北魏遗物。③ 2006年被国务院核定为第六批全国重点文物保护单位。

克里孟古城是一座具有鲜卑民族特色的南北朝时期的城址，据考证为拓跋鲜卑龙兴之地牛川城遗址。④ 东汉至北魏时期修筑使用，在北魏时期先后为牛都、柔玄镇旧址。克里孟为蒙语"城墙"之意。克里孟城址位于察哈尔右翼后旗韩勿拉苏木克里孟村，总面积约75万平方米，横跨谷地布局，河谷下游是东西向山脉的山口，颇具控扼山间谷地之势。城内分为东西两城，平面呈梯形，城中有南北向隔墙，四隅有角楼基址，夯筑土墙残高约2米，城外围有壕堑。东城内西侧有方形院落房址，中部还有一个直径约20米的圆形台套，表面散布着很多素面布纹筒瓦、水波纹板瓦、灰陶片等物。该古城遗址1964年10月被内蒙古自治区人民委员会公布为第一批自治区级重点文物保护单位，2006年5月被国务院公布为第六批全国重点文物保护单位。

（四）隋唐时期的古迹遗址

599年，东突厥突利可汗归附隋朝，突厥启民政权在内蒙古地区建立。611年，西突厥处罗可汗降隋，隋朝短暂地控制了大约今内蒙古、蒙古全境。唐王朝时期基本占领了突

---

① 刘幻真. 北魏怀朔镇寺庙遗址 [J]. 内蒙古社会科学，1986（02）：67-68+73-74.
② 朱杰，张秀卿. 初探内蒙古地区北魏时期园林的发展情况——以白灵淖尔城址为例 [J]. 现代园艺，2021，44（5）：130-131.
③ 魏坚，谌璐琳. 北魏六镇城址的考古学观察 [C] //魏坚，武燕. 北魏六镇学术研讨会论文集. 呼和浩特：内蒙古人民出版社，2014：7-23.
④ 李逸友. 中国北方长城考述 [J]. 内蒙古文物考古，2001（1）：39.

厥全境，辖东到大兴安岭、西到阿尔泰山、南至戈壁、北到贝加尔湖的整个蒙古高原，安史之乱后，内蒙古西部地区被回鹘控制。

十二连城城址位于准格尔旗十二连城乡。据《元和郡县》记载，原为隋唐胜州榆林城，始建于隋文帝开皇三年，即583年，由十二座城垣组成，是在不同历史时期陆续修筑、扩建起来的。十二连城城址现为残垣断壁，出土了自新石器时代至明清时代的文物，其中晚唐时期的绿釉陶质小狗和白釉瓷质小山羊被专家们称为"举世稀有的艺术珍品"，现陈列于中国历史博物馆中。2013年被批准为第七批全国重点文物保护单位。

城川城址位于鄂托克前旗城川镇，正是汉代奢延泽所在。始建于唐开元十一年（723年），为唐代宥州城。814年，西夏复置宥州，领长泽、延恩二县，1227年被毁。城川城址地处陕北黄土高原和内蒙古东南部毛乌素沙地的交接地带，地貌类型由黄土丘陵向沙地转变，属于中国北方生态过渡带的中段。古城地处东西狭长的草滩地中心，草滩地四周均为由新月形沙丘链构成的一望无际的沙漠，草滩地地势平坦，地下水位很高。古城平面形制呈长方形，东西长、南北窄，坐北朝南，面积达44万平方米。城墙由灰白色沙土夯筑而成，结构坚实紧密。东、南、西三面各开一门，三门均设瓮城护卫。墙体保存较好，墙上角楼、瓮城、马面历历可见，城垣现存平均高度约8米。北面不设城门，建有高大的夯土台基，为敌楼遗迹。城外四周修有护城河，痕迹明显，部分地带至今仍可见积水。城址曾遭到焚毁，城内曾经一度被辟为耕地，现已退耕还草。遗址内采集到兽面纹瓦当、滴水、筒瓦、板瓦、灰陶罐、瓮、褐釉剔花瓶、白釉粗胎盆、碗残片及铜钱等，2006年被国务院公布为第六批全国重点文物保护单位。

（五）辽西夏金时期的古迹遗址

1. 辽代

947年，契丹改国号为辽，在今内蒙古自治区赤峰巴林左旗附近建立了蒙古高原上的第一个都城——上京。现存的辽代建筑主要是各式塔建筑。

丰州故城遗址位于呼和浩特市赛罕区东郊白塔村西南，始建于辽神册年间。城址近正方形，周长约4500米。丰州城为辽天德军驻地，具有重要的交通和军事地位，包括四十个村庄、三十条街巷，曾经繁华无比，元代诗人刘秉忠在《过丰州》诗中描述了当时城市的盛景，欧洲旅行家马可·波罗也曾在此停留。这里还是草原丝绸之路的重要节点，促进了经济文化交流和多民族融合。明初因战火屡毁而逐渐衰落，如今仅存西北隅的万部华严经塔，成为丰州故城遗址的重要标志。丰州故城遗址的保护和修复工作一直在进行中，2019年被列入全国重点文物保护单位名单。

位于丰州故城遗址内的万部华严经塔，蒙古语称"查干·索布尔嘎"，因呈白色，俗称"白塔"，又称丰州塔，是中国现存最早的木结构塔之一。该塔始建于辽代，高约16.5米，由三层组成，每层都有独立的檐角，塔身上有精美的浮雕和彩绘，塔顶覆盖着金色琉璃瓦。塔内原供奉有佛像和经卷，但在历史上多次遭受战争和自然灾害的破坏，现已无遗存。该塔经历了多次修缮和重建，现存的塔身为清代重建，但仍保留了辽代的部分原始结构和装饰。万部华严金塔是中国古代建筑和佛教文化的珍贵遗产，也是内蒙古自治区的重要文化景点之一。万部华严金塔是中国现存最早的华严塔之一，华严宗是中国佛教中的一个重要宗派，强调一切法门皆是华严、万物皆是法身、万法皆是如来。华严宗的经典《华严经》是佛教经典中的重要篇目之一，被誉为"佛教经典之王"之一。万部华严金塔的建造，反映了辽代佛教文化的繁荣和发展，也是中国佛教文化史上的重要里程碑。除了文化价值，万部华严金塔还具有重要的历史价值。丰州故城是辽代的一个重要城市，曾经是辽朝的政治、经济和文化中心，也是辽金时期的战略要塞。万部华严金塔作为丰州故城的重要建筑之一，见证了辽金时期的历史变迁和文化交流，也是研究辽金时期历史和文化的重要资料。目前，万部华严金塔已被列为全国重点文物保护单位和内蒙古自治区文物保护单位，每年吸引着大量的游客前来参观。为了保护和传承这一珍贵的文化遗产，相关部门也采取了一系列措施，如加强保护修缮、加强文物保护宣传等。

2. 金朝时期

安答堡子古城位于达尔罕茂明安联合旗驻地百灵庙镇东约35千米处，是金元时期的古城址。城墙呈方形，每边长约500米，夯筑土墙，四面各开一门，外筑瓮城，四隅设角台，北墙有马面。城内有建筑遗址30余处，十字形街道与四门相连，城外有护城河。古城处在四周环山的草原丘陵地形之中，周边尽为牧场，因此受破坏较小。城东北高地上有古墓群，已清理两座为土穴洞室墓，内置木棺，为单人仰身直肢葬，死者头朝西，穿丝绸衣服。基地上有景教墓顶石，属阿剌兀思系汪古人墓地。古城是汪古部的早期政治中心，金朝强盛时，汪古部依附女真，在金界壕边为其守壕堑、护边堡。后归顺蒙古铁木真，在其统一蒙古各部的征战中，发挥了重要的作用。现在城内还遗存有大型建筑遗址和柱础石，以及石臼等遗物。

净州路故城位于乌兰察布市四子王旗吉生太镇城卜子村，又称"元净州路故城"。《金史·地理志》载，净州路建于大定十八年（1178年）。内蒙古自治区包头市和托克托县以东的地区当年均属金朝领土，净州在此范畴，原为天山榷场，就是贸易市场。1178年在榷场的基础上设军额剌史，为丰州的支郡，辖境包括大青山北。12—13世纪初，中国北方兴起了强大的蒙古族。铁木真（成吉思汗）通过武力征服统一东部蒙古后，1198年，在净州与金朝卫王允济谋面。允济庸俗懦弱，令成吉思汗心存鄙视，后闻允济即帝，他愤愤地说道："我谓中原皇帝是天上人做，此等庸懦亦为之耶，何以拜为！"从此蒙古与金朝的关系决裂。故城北面40千米处，有一条大体为东西走向的绵延3000里的金代长城，一直由汪古部负责守卫。1211年，成吉思汗率三路大军南下攻金，因守界壕的汪古部作内应，才顺利越过阴山，取得胜利。成吉思汗的儿子术赤等率军攻占净州、丰州（治所在今呼和浩特市托克托县）、东胜州（治所在今托克托县）、武州（今山西五寨）、朔州（今山西朔县）等地。1271年，忽必烈正式改国号为大元，完成了中国的大一统。从大定十八年到洪武中期（大约1420年），净州至少经历了200多年的历史，期间始终是金朝和元朝的行政中心，更是军事重镇，是集政治、经济、文化为一体的中心城市。故城平面呈长方形，城西南部凸出一块，城墙夯筑，墙外设马面，四隅有角台。城内西北角有高台建筑基址两处，城西、南山坡上有古墓葬区。故城南北和东西大街旁的建筑台基有 10 余处。1995 年，净州路故城发掘金元时期的墓葬 32 座，出土古钱币 10 余种、151 公斤，部分为宋钱。2006 年 5 月，被国务院公布为第六批全国重点文物保护单位。

净州城北 15 千米处有一座规模宏大、历史悠久的敖包建筑遗址，名为罕乌拉敖包群，建于 13 世纪左右。主敖包高 6 米，底径 25 米，由黑色石片和石块垒成，分为底座、通道和包顶三层。周围分布着 100 多个大小不等的敖包，大敖包四周堆积石头为台，台基又分大、中、小三层重叠成圆锥状，高约 1 米，形似烽火台，远望如尘塔。敖包底部东北方有一条宽 70 厘米的开口巷道，环绕敖包可观四面八方，数十里外清晰可见。这座敖包群集祭祀和军事双重功能于一身，忽必烈南下建立元朝时，曾在这里举行盛大的敖包祭祀仪式。

净州路故城内还发现一座立有儒学石碑的文庙遗址，碑高 5 尺[①]，宽 2.5 尺，现存于内蒙古自治区博物馆。碑文虽遭磨损，字迹不清，但观其仍可知一二。此碑为大德十一年（1307 年）立，元成宗加封孔子为"大成至圣文宣王"，将祭祀的孔子庙统称为文庙，并号召辖民祭拜、学习儒学，倡导读书。元朝时，今乌兰察布地区教育比较发达，特别是境内汪古部，不仅兴办了各类学校，而且独具特色。其所属的净州、集宁诸路及云内、东胜成为元朝教育中心，因地理位置的特殊，在教学中使用蒙、汉、维吾尔、藏等多种语言，都有据可考。

元成宗大德以前，净州已经升为路总管府，直隶中书省部，净州路故城方圆十千米的周边至少分布着 4~5 座元代故城遗址，在正北方向 30 多千米处，则是大都、西京等漠南地区通向漠北的枢纽——砂井。延祐三年（1316 年）11 月之前，元朝政府又将砂井设为总管府。元朝时有四通八达的驿路，驿路上设有驿站。从今乌兰察布市过境的驿路有四条，即大都至上都的西路、上都经净州路到哈剌和林的木怜道、大同路至丰州的纳怜道、丰州到大都的驿道。木怜站道，蒙古语称马道，元太宗窝阔台汗于 1227 年正式建设该路，上都建成后，改为驿路。在元世祖忽必烈定都大都后，这条路也向南延伸到大都，为大都经集宁路、净州路到哈剌和林的主要通道。这条路也成了元朝时期的南北交通主干线，据延祐七年（1320 年）《本治甸城山谷道路碑》载，元朝政府通过此路"供需漠北"，是"给驿之路"和"军旅粮储"之路。其中砂井站是大枢纽驿站，设置过粮食军储所和"榷场仓官"。当时净州的交通状况，可谓车水马龙。

3. 西夏王朝

阿尔寨石窟开凿在鄂托克旗公卡汉乡西南 30 千米处的高原上屹立的一座高约 80 米、宽约 300 米、状似平台的红砂岩小山，即苏默图阿尔寨山上。险峻的峭壁上分布着许多大

---

① 1 尺 = 33.333 厘米。

大小小的石窟，是谓"百眼窟"。目前，还能看到的石窟尚存49座。石窟的排列可大致划分为上、中、下三层。在石壁的中上部，还有9座造型、大小不等的浮雕石塔点缀在石窟之间。大型石窟只见一座，位于南壁正中，门向南，可能为该山主窟，内部已经坍塌。根据门外可见的雕凿痕迹来推断，窟檐和门框可能为木建筑结构。门外有台阶，可直达山下，并可向左右两方通往其他洞窟，但均遭破坏。其余石窟均分布于主窟两侧。中型石窟长宽一般均为4.5米，高2.5米，窟室方正，前壁正中凿拱形门，后壁正中雕出主佛龛，两侧布有上下两排佛龛，左右两侧壁（即东西两壁）也对称地雕凿有佛龛两排。窟顶正中雕出长宽64厘米的莲花藻井，藻井周围分成长宽32厘米的方格，方格内有坐佛画像及其他彩绘；有的藻井呈迭涩的方形。小型石窟长宽一般均为3米，高1.5米，进深为4.65米。周壁制作平整，人工凿痕规整有序，佛龛窟壁抹泥刷白，绘有彩画，但大部已风化剥落。其中一座稍大者，四壁绘彩画佛像，周围隐约有藏、蒙两种文字。有的窟门外石壁上也雕有藏文。山的顶部成一平地，有寺庙建筑遗迹残存，但其布局已辨别不清。

阿尔寨石窟始凿于北魏中期，以西夏、蒙元时期为盛，佛寺毁于明末林丹汗西征鄂尔多斯之役。成吉思汗晚年南征西夏时，曾在阿尔寨地区活动。灭西夏之后，阿尔寨石窟即为蒙古人祀佛之地，又为祭礼成吉思汗之所。因此，在山顶修建了规模宏大的藏传佛教寺庙，用于佛事和祭祀。东南侧的10号石窟为成吉思汗养伤时的住所，在阿尔寨各石窟中，此窟夏秋季节为阴凉。该石窟门口竖有代表成吉思汗战无不胜的威猛神勇的苏勒德神矛，门西侧壁上有一座西夏风格的佛塔浮雕，边上凿有两道竖壕，据说是为方便成吉思汗养伤时坐着射箭所凿的。前方一里以外据说竖有成吉思汗的箭靶，至今仍可寻到。在第28号窟中，有一幅壁画值得认真研究，即"成吉思汗安葬图"。它为梯型结构，上面两层绘有山川、河流、原野，并在突出位置绘有两军对垒、激烈作战的场景，应是表现成吉思汗征西夏作战时的场面。第三层左侧绘有若干匹白马、一匹褐红色马及若干峰骆驼，表现成吉思汗在阿尔巴斯猎野马时，所乘红沙马为野马所惊，坠马跌伤。右侧绘有两座白色蒙古包，尖顶高耸，其左侧有一间寺庙和一间宫殿，宫中绘一妇人，似在垂首痛苦，应是表现成吉思汗逝世时，随行的也遂夫人悲痛不已的场面。山顶平台西北处有一人工开凿的坑道，下连一石窟，据说也是成吉思汗养伤时所开凿的。别的窟均是依山势在侧面开凿，唯独这眼窟是从地面下挖然后开凿的。这眼窟的耐人寻味之处在于，是否为28号窟壁画中之墓葬，即成吉思汗逝世之后的停灵之所。第31号窟中还发现一幅大型祭祀图壁画。专家认定，这幅壁画的内容是成吉思汗及其夫人和4个儿子被后人祭祀的场面。阿尔寨石窟中的近千幅壁画多为彩色，以绿、红、黑、蓝、白、黄为主，使用了矿物质颜料，经历了数百年仍斑斓如新，实属弥足珍贵。也有仅以黑色线条白描的，似为未来得及上颜色的未完成之作，但也可看出线条流畅、技法纯熟，十分难能可贵。

成吉思汗1226年第六次征伐西夏时的总指挥部就设在阿尔寨石窟。在阿尔寨石窟以东20多千米处，有80多眼深井，间距10余米，井深数丈。查阅史料可知，这便是《蒙古秘史》中两次提到的"翁浑答兰忽都黑"。成吉思汗出征西夏时，在这一带驻军几万

(战马更众），如果没有众多水井，是不能解决军卒和战马饮水问题的。

（六）蒙元时期的古迹遗址

从成吉思汗到元朝开国皇帝忽必烈，蒙古民族创造了自己的文字，开拓出横跨欧亚大陆的疆域。元朝是中国历史上第一个由北方草原游牧民族建立的王朝，也是中国历史上版图最大的朝代。受中原文化影响，元代的内蒙古地区形成了以上都为中心、以各路级治所和诸王王府为主要依托、辅以府州县治所和交通枢纽的草原城镇。上都在今正蓝旗敦达浩特镇东北18千米处，由宫城、皇城、外城组成。现今发掘的上都路所辖的城址有四郎城古城，在今正蓝旗上都河苏木四郎城嘎查南100米。兴和路之高原县、威宁县和宝昌州所辖的城址有大圪达古城（今兴和县五一乡大圪村）、李志营子古城（今化德县七号乡李志营子村西北）、大恒城古城（今化德县白土卜子乡大恒城村）、土城子古城（今化德县土城子乡驻地内）、大湾古城（今化德乡大湾村）、大文古城（今商都县八股地乡大文村）、公主城古城（今商都县四台坊子乡公主城村）、泉子沟古城（今商都县卯都乡泉子沟村）、西井子古城（今商都县西井子乡）、大碱子古城（今商都县大碱子乡土城子村）、台基庙古城（今兴和县台基庙）。大同路所辖的宣宁、平地二县和丰州、东胜州、云内州三州所辖城址有淤泥滩古城（今凉城县麦古图乡淤泥滩村）、干草胡洞古城（今凉城县天成乡干草胡洞）、六苏木古城（今凉城县六苏木乡）、大土城古城（今察右前旗大土城乡大土城村）、城卜子古城（今察可前旗三号地乡土城子村）、土城子古城（今和林格尔县土城子乡）。丰州古城在今呼和浩特赛罕区太平庄乡，是元代丰州州治，下辖的城址有朱亥古城（今呼和浩特赛罕区黄合少乡村）、大岱古城（今土默特左旗大岱乡）、什泥板申古城（今土默特左旗陶思浩乡什泥板申村）。云内城古城是辽、金、元的云内州治所，在今托克托县古城乡南园子村，下辖城址有碱池古城（今托克托县燕山营子乡碱池村）。东胜州古城在今托克托县城关镇西北东沙岗大皇城，是辽、金、元的东胜州故城。小红城古城在和林格尔县大红城乡小红城村，是元代东胜州的红城。汪古部故城有敖伦苏木古城，在今达茂旗百灵庙东北，是金代按达堡子和元代黑水新城、静安县、德宁路、德宁县治，是赵王府衙。净州路故城在四子王旗吉生太乡城卜子村，是金代天山榷场、净州、天山县与元代净州路、天山县治所。大庙古城在四子王旗红格尔苏木布拉莫林庙村，是金代沙进、沙城和元代沙井总管府、沙井县治所。集宁路遗址位于察可前旗巴音塔位乡土城村，是金代集宁县和元代集宁路、集宁县治。这是一些主要的古城，还有一些小城，下面重点介绍几个有代表性的遗址。

元上都遗址位于锡林郭勒盟正蓝旗草原，是中国大元王朝及蒙元文化的发祥地。它是世界历史上比较大的帝国元王朝的首都，始建于1256年。元上都城址分为宫城、皇城、外城，周围是广阔的金莲川草原，是中国目前保存最完整的大型古代都城遗址。其中，忽必烈铜雕像是元世祖一生征战的戎马生涯和治理天下的宏伟大业的浓缩图，分别象征着元上都遗址的750年历史、忽必烈在位的34年、在元上都登基的6位皇帝和忽必烈汗的寿终80岁。忽必烈雕像的右侧是蒙古骑兵的场景，左侧是元朝大臣，主要有刘秉忠、马可·波罗、郭守敬、姚枢、八思巴以及波斯的使者。元上都遗址是草原文化与中原农耕文化融合的杰出典范，体现出一个高度繁荣的草原都城的宏大气派。

金莲川草原曾经是辽、金、元三代帝王的避暑胜地。金莲川，原名曷里浒东川，每到夏季，川中开满金莲花，远望如同金色的海洋，绵延分布于滦河上游的上都河两岸，东西长60千米，以元上都遗址所在为最宽处，有5~6千米。金大定八年（1168年）五月，金世宗以"莲者连也，取其金枝玉叶相连之意"，将曷里浒东川命名为金莲川。元宪宗元年（1251年），忽必烈受命总领漠南汉地军国庶事，南下驻帐于此，广征天下名士，建立了著名的金莲川幕府。

皇城·明德门是从御道进入元上都的第一座城门，属皇城正南门，位于皇城与宫城的南北中轴线上。门道总长24米，宽4.7~5.7米，两侧墙体用青砖垒砌，券顶坍塌，券门处留有高约7米的城门坍塌后的建筑残迹。门外设瓮城，呈长方形，东西宽63米，南北长51米，墙体由块石包砌；瓮城门道长12米，宽3.5~3.8米，正中立有石柱，即将军石，门道两侧现存石质排叉柱和木门柱基石等遗址。宫城·御天门属宫城南门，居于皇城和宫城的南北中轴线上，门道为砖石砌筑。门外设瓮城，东西宽60米，南北长27米。根据元人"明德城南万骑过，御天门下百官多"和"御天门前开诏书，驿马如飞到大都"的诗句。此处当是百官聚集、奉旨听宣之处。考古发现瓮城外东、西两侧有两排建筑基址，推测为百官上朝或候旨时的歇息之所。宫城·大安阁建筑基址位于宫城中心，上层为明清时期的喇嘛庙遗址，下层经考古推测为元代大安阁的建筑基址。基址平面呈"凸"字形，东西长36.5米，南北宽30米，基址底部转角处的外缘用规整的条形砂岩围筑。基址西南角处出土了完整的汉白玉龙纹柱础，高2.1米，宽0.53米，厚0.52米，雕有精美的腾龙。大安阁建于至元三年（1266年），忽必烈攻陷南宋汴京后，"取故宋熙春阁材于汴，稍损益之，以为此阁，名曰大安"。全阁"飞翔突起，干青霄而矗上"，令观者有"神营鬼构、洞心骇目"之叹，元人"大安御阁势苕亭，华阙中天壮上京"的赞叹，也可见其曾经的雄伟与瑰丽。大安阁在元上都用作宫城的正殿，元朝皇帝经常在这里举行重大的朝政典礼，如登基、接见外国使者等。此外，临朝、议政、修佛事、与大臣聚会等日常活动也在此举行。这里发生过许多具有世界性或地区性影响的重大事件，包括元世祖忽必烈之后，元成宗、武宗、天顺帝、文宗、顺帝五位皇帝登基，忽必烈接见马可·波罗，以及南宋灭亡后，忽必烈接受南宋君主的投降等。宫城·穆清阁建筑基址位于皇城与宫城中轴线北端的宫城北墙中部，是宫城内体量最大的建筑，据考古研究推测为穆清阁遗址。穆清阁始建年代不详，元至正十三年（1353年）曾重修。有元一代，是皇帝宴乐、议事与居住的大内宫殿。穆清阁遗址现存台基高约8米，东西宽137米，南北长67米，总面积9180平方米。台基平面呈"凹"字形，其上建有大殿与东、西两翼的配殿，呈阙式建筑形式，元人诗中称其为"北阙"。经对东翼顶部的考古发掘，探明基址顶部曾有大型木结构建筑。皇城·东城墙总长1410米，中间为黄土夯筑，夯层厚12~14厘米，内外两侧均用自然石块包砌，石墙厚 0.5~0.6 米。大部分墙体保存较好，残高 2.0~5.5 米。2002 年，北段 368 米的外侧墙体及两个马面接受了清理修复。

2012 年，元上都遗址被列入《世界遗产名录》。这座被史学家誉为可与意大利古城庞贝相媲美的都城遗址，记录了人类历史上一个重要的文明阶段。

多伦的砧子山元代墓葬区是元上都遗址核心区的重要组成部分。古墓群保护区面积为 4825.98 公顷[①]，是内蒙古自治区境内现存最大的元上都居民（主要是汉族平民、工匠）的丛葬区。

恩格尔河地区元代墓葬分布在锡林郭勒盟苏尼特左旗恩格尔河庙西北 10 千米处、方圆 18 平方千米的范围内。恩格尔河地区墓葬发现于 2001 年，墓内为木棺，外饰金箍，棺内葬一个女性，并随葬一批金器、银器、丝织品等，经专家鉴定为元代墓葬，而且是内蒙古地区罕见的独木棺墓葬。

砂井路总管府故城位于四子王旗红格尔苏木布拉莫仁庙村，为元代砂井路总管府故城。故城呈长方形，东西长约 570 米，南北宽约 520 米。城墙夯筑，地表有少量瓷片遗存。四面各开一门，外加筑瓮城。东墙北段有马面四个。城内有十字形街道，东西向街宽约 80 米，南北向街宽约 70 米。街道两侧有土墙。

敖伦苏木城遗址位于达尔罕茂明安联合旗，"敖伦苏木"为蒙古语，意思是"众多的庙"。敖伦苏木古城俗称赵王城、"五英雄城"，坐落在艾不盖河北岸，那时艾不盖河名叫黑水，因此也被称为黑水新驿。总面积约 55 万平方米。城墙的四面辟有城门，四角筑有角楼。城门、角楼与城墙的轮廓清晰。城墙墙基宽约 3 米，残高 2~3 米。敖伦苏木古城是蒙古高原上仅次于元上都的第二大城池，也是欧洲文明传入东方的中转站。同时，它也是沟通西北蒙古高原和内地之间的要冲。该城具有独特的历史和考古价值，处于保护和未开发状态，目前正在申报世界文化遗产。敖伦苏木古城是元代德宁路所在地，建于泰定元年（1324 年），是汪古部世居之地，部长阿剌梧思剔吉忽里归附成吉思汗，受到分谥，后子孙术忽难被加封赵王。这座古城不仅有着高耸雄伟、豪华雅致的宫邸楼阁，还有鳞次栉比的街衢商店和金碧辉煌的德风堂等文化、宗教建筑物，成为当时汪古部的政治、经济、文化中心。由丰州穿越大青山到岭北行省哈拉和林的驿道也经过敖伦苏木城，当地所需要的粮食、茶叶、食盐、丝绸和瓷器都从内地经由这条交通干线运来。这座古城至明代逐渐衰落。据考，明代中叶，这座古城曾是土默特部阿勒坦汗的避暑夏宫。城内有建筑遗址 17 处，包括景教寺院、天主教会堂、喇嘛庙、孔庙等大小高台土包 90 余座，许多高大的台基上布满了黄、绿、白色的琉璃瓦残片，可以推想当年这里曾经建有品级很高的宫殿和庙宇，曾出土《王傅德风堂碑记》碑及珍贵的畏吾儿体蒙文、古叙利亚文墓石铭刻。

燕家梁遗址位于包头市九原区麻池镇燕家梁村南侧台地上，东西长 650 米，南北宽 600 米，揭露面积达 12 000 平方米。窖藏的大量发现以及在部分灰坑中发现的两人的颅骨

---

① 1 公顷=10 000 平方米。

和零乱的肢骨，真实地反映了元代末期复杂动荡的社会状况。1979 年，附近地区征集到元代瓷器 7 件，其中一件为青花缠枝牡丹纹瓷罐，另一件为白釉黑花盖罐，现藏于包头博物馆。遗址内房址多保存较好，面积较小，以 10~20 平方米为多，成组分布于道路两侧，其平面形状主要有两种，一种略近方形，一种为狭长的长方形且数量较多。房间多单独成间，个别为套间。门向的选择较多考虑临街的因素。房间内设取暖和炊事设施，有灶和火炕，通过火道相通，炕内设有烟道。房屋地面大多数为土地面，仅个别铺砖。屋内墙壁有的抹白灰面，多数为草拌泥。个别房屋内发现有瓦片，说明屋顶有的挂瓦。遗址中发现大量的灰坑，有圆形锅底状、圆形直壁平底、圆形袋状、长方形直壁平底、不规则形等。一种长方形坑内发现有白灰面，当是用来制作熟石灰的坑。有一直径 1.2 米的圆形直壁坑内发现厚达 0.2 米的一层粮食，说明这种坑应是专门储藏粮食的。还有一种圆形卵石坑，是烤烙食品的。遗址内共发现窖藏 28 个，平面多为圆形，少数为长方形、方形和椭圆形。形制规整，大多为直壁、平底，少数为斜壁、袋状平底。发掘窑址 4 个，平面为乒乓球拍形、椭圆形、圆形，由窑室和炕道构成，出土有少量瓷片，多为烧制白灰和瓦所用。

新忽热古城址位于巴彦淖尔市乌拉特中旗新忽热苏木政府所在地北 1 千米处，占地面积达 1 平方千米，是元代至明代遗址。新忽热古城平面为正方形，各边长 950 米，城墙为土夯，南墙与东墙各设宽 12 米的城门，城内采集到汉代陶片、唐代钱币、西夏陶器残片等文物。新忽热古城就是《蒙古秘史》中记载的兀剌海城，也是成吉思汗从漠北南下、六次征伐西夏时第一个攻克的城池。根据西汉全图和《汉书》等现有资料以及城内发现的陶器残片判断，这一地带早在西汉时期就已筑城，时为汉塞外受降城。据《史记·匈奴列传》和《前汉书·帝纪》记载，汉武帝于太初元年（公元前 104 年）遣因杅将军公孙敖筑此城，作为一座军事治所，后来历朝都有所沿用和加固。宋朝时，乌拉特中旗地界为西夏属地，西夏王朝为加强边疆的固防，将新忽热古城址扩建成了现在的规模。

（七）明朝的古迹遗址

1368 年，明朝成立后，元朝残余势力退回塞外，北元蒙古人及鞑靼部、瓦剌部和兀良哈部在戈壁沙漠北部活动。15 世纪末，东部蒙古的首领达延汗统一漠南蒙古。1572 年，达延汗的孙子阿勒坦汗率土默特驻牧呼和浩特地区，明政府于万历年间赐此地汉名"归化"，土默特部落从此过上定居生活。

北元时期，藏传佛教萨迦派势力逐渐减弱。16 世纪后半期，藏传佛教的格鲁派（俗称黄教）传入蒙古并迅速传播开，蒙古地区建造了大批格鲁派寺院，如大召、席力图召、美岱召等。

大召寺，蒙古语俗称"伊克召"，即"大庙"的意思，是呼和浩特玉泉区南部的一座大藏传佛教寺院，属于格鲁派（黄教）。"召"为藏语"寺庙"之意，后改为"无量寺"，因寺内供奉一座银佛，又称"银佛寺"。大召寺是一处佛教圣地，其辉煌的召庙建筑、珍贵的文物和艺术品以及神秘的恰木舞蹈和佛教音乐，构成了独特的召庙文化。大召寺汉名原为"弘慈寺",是呼和浩特较早建成的黄教寺院,也是蒙古地区仅晚于美岱召的蒙古人皈依黄教初期所建的大型寺院之一,在蒙古地区有大范围的影响力(图1-2-6)。大召寺是土默特部落的首领阿拉坦汗于明万历七年(1579年)主持创建的,1580年建成,是蒙古少有的不设活佛的寺庙。因清朝皇帝曾在此住过几日,为了表示对皇帝的尊敬,僧侣们取消了活佛的转世规定。清朝顺治皇帝迎达赖五世赴京时,曾歇宿于大召内,后康熙皇帝铸"皇帝万岁"金牌供于大殿银佛之前,大召寺因此尊为"皇庙"。建筑物现存有山门、过殿、经堂、九间楼及佛殿等,其中经堂和佛殿紧紧相连,通称为大殿,佛殿内有造像和壁画。大召寺建筑考究,大殿是常见的汉藏混合式喇嘛庙形制,其余部分则是依照传统中式庙宇的式样而建,清康熙年间(1662—1721年)扩展召庙规模,大殿改覆黄琉璃瓦。佛殿内有高2.55米的银铸释迦牟尼像。殿前汉白玉方形石座上,有明天启七年(1627年)的一对空心铁狮,由土默特部鄂木布·洪台吉捐资铸造。大殿内耸立着三尊佛祖塑像,殿壁上有描写康熙私访明月楼的巨幅绘画。后面是达赖四世、土默特部蒙古人云丹嘉措和达赖五世的塑像,明清两佛像,木雕两佛像,木雕二龙戏珠,108部《甘珠尔经》,以及铜铸镀金的多种法器、药器等。庭院中有一只清朝铸造的铁香炉,上刻蒙古工匠的姓名。

图 1-2-6 呼和浩特大召寺(作者自摄)

广化寺原名喇嘛洞召,位于呼和浩特市土默特左旗毕克齐镇,是一座藏传佛教格鲁派寺院。喇嘛洞召是呼和浩特地区"八小召"之一,因位于东喇嘛洞召(崇禧寺)以西,故又称"西喇嘛洞召"。21世纪初,喇嘛洞召一层外面悬挂的一块黄色牌子上写着:"喇嘛洞俗称银洞,是开山祖师博格达察罕喇嘛修行的山洞。博格达察罕喇嘛于明朝万历年间在此山洞长斋诵经,坐禅苦修,收徒度众,讲经说法,1627年(明天启七年)坐化。众弟子将其灵体以坐姿密闭于山洞内,被尊为一世,后将山洞修为佛寺。从1658年(清顺治十五年)开始,在山下修建,形成广化寺。"博格达察罕喇嘛圆寂后,其弟子查干·迪彦齐、察哈尔·迪彦齐、额尔德尼·迪彦齐继承其衣钵,在明末清初于呼和浩特地区先后建造什报气召(慈寿寺)、乌素图召(广寿寺)、东喇嘛洞召(崇禧寺),并分别成为各寺的一代。另一种说法称,明朝崇祯初年,道宝迪彦齐赤列扎木素喇嘛始建该寺。这种说法和上述一种说法相矛盾,无法断定哪种说法为实。乾隆四十九年(1784年),清廷赐寺名"广化寺"。喇嘛洞召的属召有珠尔沟召、阿鲁板召、祝乐庆召、明安召、黑格林召等10

余座，就连包头的沙尔沁召（西广化寺）也是喇嘛洞召的属召。

美岱召，蒙古语"美岱"意为弥勒，原名灵觉寺，后改寿灵寺。位于中国内蒙古自治区包头市土默特右旗，不仅是藏传佛教格鲁派在内蒙古地区传播的重要历史见证，也是该地区明代建筑遗存的珍贵代表。作为格鲁派传入内蒙古的第一座寺院，它承载着深厚的历史和宗教文化内涵，在融合蒙、汉、藏多元风格方面具有独特的地位。美岱召的整体规划和部分现存殿堂建筑，尤其是大雄宝殿与乃琼庙，充分体现了藏传佛教的特点，其余大部分建筑物则更多地采用了中原汉式的建筑风格，如飞檐翘角、斗拱梁架等典型汉族古建元素。体现了一种"城寺结合"的布局及建筑风格。寺内主体建筑有经堂、大雄宝殿、罗汉堂及观音殿等，殿宇高大雄伟，殿内墙面绘有佛传故事和护法神像等内容的壁画。壁画总面积达到了约1650平方米，分布在整个寺庙的多个殿堂和建筑中，其中包括大雄宝殿、太后庙（三娘子庙）以及其他附属建筑。这些壁画创作年代主要追溯至明代，部分可能经过后期的增补或重绘。壁画内容丰富多样，涵盖了佛教故事、蒙古族的历史事件、人物肖像以及当时的社会生活场景。美岱召壁画被誉为"壁画博物馆"。[①] 在内蒙古土默特右旗美岱召广场建有美岱召博物馆，每年农历五月十三日举行都会举行美岱召庙会。

准格尔召，藏语名为甘丹夏珠达尔杰林寺，蒙语名为额尔德尼·宝利图苏莫，明朝赐名秘宝寺，清政府赐名为宝堂寺。因其坐落于准格尔旗西部，当地人俗称"西召"。准格尔召是鄂尔多斯现存最大型的藏传佛教格鲁派寺庙建筑群。据《准格尔召庙志》记载，准格尔召始建于明朝天启二年，也就是1622年，次年主体建筑经堂佛殿竣工，历经380余年的扩建和修缮，规模逐渐扩大。准格尔召原有独立殿堂36座，虽然现仅存大独殿、观音殿、舍利独宫、五道庙、千佛殿、六臂护法殿、大常署、二常署、佛爷商、诺颜商等十处，但依然气势恢宏、震撼人心。大独宫是准格尔召建筑中规模最大、保存最完好的蒙汉藏式建筑，院落分为三个部分，前部为喇嘛念经求法之所，也就是经堂。经堂的装饰金碧辉煌，有唐卡百余幅，堂内立柱均用上等挂毯包裹，活佛座、大喇嘛座、僧管座、讲经座、听经座井然有序、各司其位、庄严神圣。经堂的北墙处一字排列着十八尊菩萨护法神像，使经堂更加神秘肃穆。舍利独宫则主要安放准格尔召两位活佛的舍利塔。观音殿和六臂护法殿内，分别供奉汉传佛教十八罗汉塑像。白塔位于整个建筑群的中轴线后部，在高5米的台基之上，建有复钵式喇嘛塔两座、小塔六座，合计八座，象征佛家八宝，黄绿琉璃瓦的大殿与白塔相互辉映、熠熠生辉。准格尔召较完整地保留了黄衣喇嘛教的教事活动仪式，召庙志记述完整，所藏经卷浩繁，虽近年多有散佚，但仍是鄂尔多斯乃至整个宗教界不可多得的珍本。

（八）清朝的古迹遗址

清代前期，内地农民在塞外开垦种植，形成了一部分农业和半农业区，内蒙古地区的

---

① 苏日古嘎. 美岱召壁画艺术研究［D］. 内蒙古大学，2017.

农村开始形成。清朝统一全国后，在内蒙古设立将军、都统，以控制和监督各盟旗（共六盟49旗，其中哲里木盟10个旗、卓索图盟5个旗、昭乌达盟11个旗、锡林郭勒盟10个旗、乌兰察布盟6个旗、伊克昭盟7个旗），并广建寺院，形成以寺院为中心的集镇。

乌素图召相继建于明清两代，是蒙古族工匠自行设计施工建成的一座寺庙。"乌素图"是蒙古语，意为"有水的地方"。该召坐落在大青山南麓、呼和浩特市郊区攸攸板乡乌素图村西沟口的台地上，实际上是当地旧有的七座寺庙的总称，因相距不远、毗邻相连，又地处乌素图村旁，所以统称为乌素图召。乌素图召依山而建，寺庙建筑糅合蒙、藏、汉艺术于一体，但从建筑形式和构造特点上看，同中有异，各具特色。乌素图召主要由庆缘寺、法禧寺、长寿寺、广寿寺、罗汉寺五个寺院组成，如今只有庆缘寺、法禧寺、长寿寺和罗汉寺比较完整地保存下来。召后有东西横亘的赵长城遗迹，地表有突起的夯土城墙。庆缘寺位居乌素图召中心，为主寺，俗称察哈尔喇嘛召，规模最大，是呼和浩特著名的"八小召"之一。乌素图召第一代活佛察哈尔佃齐·呼图克图组织蒙古族匠人希古尔、拜拉二人进行设计，于明万历三十四年（1606年）建成；乾隆四十八年（1783年），又添建殿堂，次年才由清廷命汉名为"庆缘寺"。长寿寺在庆缘寺的东面，于清康熙三十六年（1697年），为达赖长木肃绰尔济所创建。这座寺院在清代前后修葺了六次之多，所以到解放时，寺中殿堂彩画和泥像雕塑还比较完整。寺中有记载建寺及历次修葺年代的石碑两座，矗立于殿前的东西两侧，西为蒙文，东为汉文，碑文的内容相同。罗汉寺在庆缘寺的正北，是第三代活佛罗布桑旺扎勒在雍正三年（1725年）和法禧寺同时所建的寺院，不过规模较小。乌素图召的活佛在罗布桑旺扎勒以后又传了五代，第八代明珠尔济在1930年死去以后，便没有再传位。广寿寺在罗汉寺北的山坡上，原名察哈尔速木寺，由察哈尔禅师呼图克图初建于明代隆庆年间（1567—1572年），是乌素图召最早的一座寺院。康熙二十九年（1690年），席力图召的绰尔济阿旺丹丕勒扩建后，由康熙帝钦赐"法成广寿寺"名，以后简称"广寿寺"。清咸丰九年（1859年）重修过一次，后因寺中的喇嘛人数少，逐渐成了席力图召的属庙。新中国成立后，因年久失修、无法恢复而被拆除。法禧寺在庆缘寺的东北，是诸寺中最富有特色的一座寺院。据考证，该寺是乌素图召第三代活佛罗布桑旺扎勒于清雍正三年（1725年）所建，清乾隆五十年（1785年），由清廷命汉名为"法禧寺"，珍藏着第三代活佛罗布桑旺扎勒整理的西藏喇嘛大法师松巴堪布所著《松巴堪布著经》的雕板。

金刚座舍利宝塔位于呼和浩特市旧城东南部，因塔座上有五座方形舍利塔，故名为五塔寺。这种形式的塔，国内仅有五座。蒙古人称"塔本·苏布尔嘎"，是"小召"的属塔。五塔寺的阳察尔济一世呼毕勒罕原为"小召"（崇福寺）的喇嘛，后升为呼和浩特掌印札萨克达喇嘛。五塔寺始建于清朝雍正五年（1727年），于1732年建成，清廷赐名"慈灯寺"。该塔为砖石结构，通高16.5米，主要由塔基、金刚座和上部五个方形舍利宝塔构成。塔身外面饰以雕刻涂釉加工预制的琉璃砖，在边缘和转角处镶以白色条石，光彩的琉璃用于受光强烈的桃檐和塔刹。金刚座平面为"凸"字形，建于高约一米的台基上，下层为须弥座，束腰部分为砖雕狮、象、法轮、金翅鸟和金刚杵等图案花纹。座的上部有七层短挑檐，一层檐下镶嵌蒙、藏、梵三种文字所书的金刚经文，刻工细致。从第二层到第七层檐下，共塑有千余尊各种姿态的镏金佛像。金刚座南面正中凸出部分开有拱门，旁为四大天王像，门上正中嵌有蒙、藏、汉三种文字书写成的"金刚座舍利宝塔"汉白玉石匾额。塔内用半圆砖拱，门内的无梁殿东西角有楼梯通上座顶，出口处是一座方形攒尖亭。亭北设置五座方形舍利小塔，当中的小塔出檐七层，四隅小塔出檐五层。五座塔的塔身都嵌有菩萨、菩提树、景云等砖雕。塔北面照壁上嵌有三幅线雕刻石，中有"须弥山分布图"，西面是"六道轮回图"。塔后照壁嵌有天文图石刻，直径144.5厘米，天球圆面以北天极为圆心，画出二十八宿赤经位置的经线，还有五个同心圆，由里向外为天北极圈、夏至圈、天赤道圈、冬至圈、天南极圈，它是迄今为止世界上唯一用蒙文标注的石刻天文图。

呼和浩特清真大寺位于呼和浩特市旧城通道南街东侧，是呼和浩特市原有八座清真寺中建筑年代最早、规模最大的一座，因此得名清真大寺。清真寺是穆斯林（伊斯兰教信仰者）的礼拜场所。大殿是寺院内的主体建筑，造型别致，殿门朝东，是三开拱形门。上楣刻有精细的阿拉伯文，意译为"安拉是天地间的光辉"。大殿前有"月台"，登上月台可进入大殿。殿内壁上图有经文。殿顶由十二根红漆大柱立撑，支柱上刻着《古兰经》。大殿房顶上有五座六角顶楼。殿前寺院两侧建有南北讲堂。大殿正东有过厅，厅内壁上绘有麦加的大清真寺和"天房图"。经过厅可通往后院，院内正北有沐浴室，穆斯林沐浴净身后方可入殿礼拜。宣礼塔东南侧的望月楼建于1933年，楼高33米，平面呈六角形，六角攒尖顶。每逢斋月，穆民在楼上望月，望见初月后封斋或开斋，故名望月楼。楼分两层，形如竹节，成六棱体，楼的西面用汉文和阿拉伯文书有"望月楼"三个大字。第一层是外露望台；第二层顶部建有一座六角凉亭，绮丽雅致。楼顶端的铁柱上装有月牙灯。楼内有七十八级螺旋木梯道盘旋环绕而上。寺内存康熙三十三年勒石《重到洪武御制回辉教百字碑》（碑文与《天方典礼》等书著录百字赞有出入）、《康熙圣谕碑》、《重修绥远清真大寺碑》等碑石7通，阿拉伯文手抄本《古兰经》30卷，匾额多方。

和硕恪靖公主府又名呼和浩特市博物馆或清公主府，位于呼和浩特新城区赛罕路，建于清代康熙年间，距今已有300多年的历史，是康熙皇帝的六女儿恪靖公主居住过的府邸，占地1.8万平方米，是塞外保存最完整的一处清代四合院群体建筑。恪靖公主俗呼海蚌公主，传为贵人郭络罗氏所生，初封为和硕公主，又封为恪靖公主，再封为固伦恪靖公主。清朝对蒙古实行怀柔政策，将恪靖公主下嫁给喀尔喀蒙古部土谢图汗的儿子敦多布多尔济。公主府曾三迁，初居清水河县花园巷，后迁呼和浩特市旧城西北的扎达海河西岸，雍正年间（1723—1735年）又修建了现存的这座府第。恪靖公主死后葬东郊美岱村，美岱村附近的大黑河上四村水浇地尽属公主府，其后裔多居住在这里。公主府附近为其牧场，后建村落命为小府、府兴营等。公主府分四进五重院落，有大门、过厅、大厅和内院，门前立有大照壁，宅院东部有假山和池沼，为亲王级建筑品级。前有影壁御道，后有花园马场、府门、仪门、静宜堂、寝宫、耳房、厢房、配房、后罩房依列分布，是目前国内唯一保留完整的清代公主府邸，建造工艺考究，是呼和浩特市所有的古建筑当中级别最高的。

呼和浩特的将军衙署始建于清朝乾隆年间，是当时内蒙古地区的行政、军事和司法中心，也是当时清朝绥远将军对内蒙古地区进行统治的重要场所之一。按清一品封疆大吏衙署的格式营造，砖木构制，占地约3万平方米。将军衙署建筑群包括大门、前厅、正厅、后厅、东西厢房、东西配房、东西厨房、东西花园等建筑，风格典雅，结构严谨，是中国传统建筑的典范之一。将军衙署内保存有大量的历史文物和珍贵的文献资料，如清代的官服、兵器、器皿、家具、书画作品、官方文书、地方志、家谱等，对于研究内蒙古历史和文化具有重要价值。

随着时代的变迁，将军衙署经历了多次修缮和改建。在20世纪初，曾经毁于战火之中，但在当地政府和民众的共同努力下，它得以重建并得到了保护。新中国成立后，衙署为绥远省人民政府并内蒙古人民政府办公地，乌兰夫兼两府主席。将军衙署博物院成立于1992年，位于绥远城将军衙署内，是一座集文物陈列、古建筑展示、地区历史宣传为一体的多功能博物馆。经过多次维修改造，将军衙署于2017年7月31日面向社会试运行开放（图1-2-7）。重新开放的将军衙署占地2.64万平方米，以将军衙署为主体，以"绥远方式"纪念馆为辅助，以清代建筑风格为主要基调，再现了"漠南第一府"的恢宏景象。

图1-2-7　将军衙署（作者自摄）

五当召始建于清康熙年间（1662—1722年），位于包头市石拐区吉忽伦图苏木，与西藏的布达拉宫、青海的塔尔寺和甘肃的拉卜楞寺齐名，是中国藏传佛教的四大名寺之一，也是内蒙古自治区最大的藏传佛教寺院。五当召依地势面南而建，占地300多亩，分布在1.5千米长的山坡上。蒙古语"五当"意为"柳树"；原名巴达嘎尔召，藏语"巴达嘎尔"意为"白莲花"。乾隆十四年（1749年）重修，赐汉名广觉寺。由第一世活佛罗布桑加拉措以西藏扎什伦布寺为蓝本兴建，经过康熙、乾隆、嘉庆、道光、光绪年间的多次扩建，逐步扩大至今日规模。因建在五当沟敖包山的山坡上，故通称其名为五当召。五当召有大小殿宇、经堂、僧舍2500余间。苏古沁殿是五当召内最大的建筑物，位于寺院前部，高三层，占地1500平方米。一楼前大厅是经堂，有八十根方柱，上部雕刻和彩绘着各式花纹图案，外裹云龙图案的栽绒地毯。地上排列着数十排坐榻，上铺藏式地毯。四壁满绘释迦牟尼佛传故事和各种护法神像,顶部挂着各色幡幔。殿内庄严肃穆、富丽堂皇,可容纳千余喇嘛在这里诵经。经堂内正面的座椅是活佛出经的席位,左右是高层喇嘛的座位,下边地毯木榻是喇嘛诵经的座席。后厅为藏经阁,供奉着各种佛像、唐卡、曼陀罗(坛城),二楼回廊处绘有九大佛寺建筑鸟瞰壁画,极为珍贵。却依拉殿位于苏古沁殿西侧,始建于道光十五年(1835年),为专门研究佛教哲学的学部,是本召僧人最多的学部。殿内供奉着五当召最大的铜制弥勒佛,高达十米,为黄铜分铸焊接制成。弥勒头戴五叶宝冠,装饰华丽,端坐于须弥宝座上,手作说法印,木雕、彩绘的背光有卷草、火焰纹饰,颇为精美。前边供奉着八大药王佛、宗喀巴等铜像。洞阔尔殿是五当召最早建造的殿堂,建于乾隆十四年(1749年),前经堂、后佛殿,高三层,黄色的外墙标志着其显贵地位。高居于全寺之中,其他建筑均以此殿为中心,殿门正中门楣上悬挂用满、汉、蒙、藏四种文字雕刻的"广觉寺"牌匾。这里是佛教时轮数学部,讲授天文、历法、数学、占卜,推算藏历日期。殿内前后厅绘满壁画、装饰考究,殿前广场系讲经、辩经的场所,也是学术升级的考场。当圪希德殿建于乾隆十五年(1750年),俗称"训服殿",是五当召的护法神殿,也称金刚殿。这是座两层殿堂,紧靠洞阔尔殿,据说是鄂尔多斯部准格尔台吉之妻资助建造的。殿内供奉着大威德金刚、怖畏金刚、胜乐金刚、吉祥天母等九尊彩塑护法神。

昆都仑召位于包头市昆都仑区昆都仑河右岸。始建于清雍正七年(1729年),经历20余年才全部落成。"昆都仑"为蒙古语的"横山口"之意。结合地形,依山傍水兴建,为藏式建筑群,无围墙环绕。布局以大经堂为中心,辅以数座单体殿宇和住房。原有经堂、殿宇23座,藏经塔4座,以及住房60余座,占地110余亩。现存经堂、殿宇12座,住房约50座。殿堂内原有彩画和塑像等多已圮毁,大经堂经过维修,仍是别具一格的古建筑。清朝时期,乌拉特部被分成了三个公旗,如今的昆都仑区是属于原乌拉特中公旗的放牧之地。雍正年间,从青海塔尔寺云游至此的喇嘛甲木森桑布和其同伴在这里建立了小黄庙,又兴建了昆都仑召,并成为这里的第一世活佛。昆都仑召是乌拉特中公旗的旗庙,乾隆皇帝赐名法禧寺。庚毗庙是昆都仑召最北面的一座庙宇,位于与昆都仑召大雄宝殿呈直线的阴山南麓,是昆都仑召历代活佛闭关修行的重地。召内最大建筑体为占地1161平方米的恰克沁独贡(大雄宝殿),有明柱60根,八进81间,整个殿宇金碧辉煌、宏伟磅礴。正门西侧彩绘四大天王及法轮,殿内有五彩缤纷的佛教故事壁画,供奉释迦牟尼、多罗菩萨、宗喀巴塑像,天花板上有动物、花草和大宝云纹等装饰图案。除藏文经卷外,还藏有部分蒙古文经卷。此外还有四大天王殿、东活佛府、西活佛府、藏经阁、王爷府,以及1735年建造的成吉思汗之弟哈布图·哈萨尔的祭祀堂。

沙日特莫图庙始建于明代初期,在清代及民国历经兴废,又经历抗战,大经堂和明王殿及四座佛塔被拆。改革开放后,随着民族宗教政策的落实,该庙在嘉木扬·图布丹大师和僧团的努力下,于1986年恢复佛事活动,1992年复建了菩提塔,1998年维修甘珠尔殿、天王殿,2000年扩建苏格庆大殿。2006年建成吉祥果聚塔,该塔为汉藏风格,供奉蒙藏汉文全套《甘珠尔》《丹珠尔》等大量珍贵佛典，为中国西部地区最大的佛塔之一。沙日特莫图庙收藏的释迦牟尼佛真身舍利，在佛教界十分珍贵。其捐献者嘉木扬·图布丹是一位佛学根底深厚的藏传佛教学者，通晓蒙古文和藏文，并有较好的梵文基础，是佛学界公认的高僧。7 岁时，图布丹便在沙日特莫图庙出家，后在各地讲经说法。1986 年，图布丹重回杭锦旗，并主持恢复修建沙日特莫图庙，把自己珍藏多年的大量字画、法器、佛经、佛像，各国领导人和社会名流送给他的题字、赠品，以及出国访问和国内活动获赠的各种纪念物全部捐出来，现陈列于沙日特莫图博物馆的展厅内。

四子王旗王爷府位于乌兰花镇北约 24 千米处的查干补力格苏木所在地。始建于清光绪三十一年（1905 年），曾是封建王爷执政和居住的地方。府庙的两个独贡为藏式建筑，因年久失修，自然破坏严重。府内设前后两个厅，前厅供王爷执政办公，后厅供王爷和福晋居住。另附设 2 个独贡，是喇嘛念经的场所。整座为磨砖对缝、筒瓦盖顶、砖木结构的殿庑建筑，具有清末红柱回廊、雕梁画栋的建筑特点，占地面积共计 2800 平方米。1949 年前，旗地域是封建王公的世袭领地，先后经历了 13 代、15 位王爷的统治。旗衙门初设在朝克德力格尔，当时没有房屋建筑，王爷居住的也是蒙古包。清光绪三十一年（1905 年），第十三代王爷勒旺诺尔布在查干补力格大兴土木、筑厅建府，形成了今日规模。该府建成后，先后有 3 代王爷在此主理旗务，共计 44 年。清光绪三十四年（1908 年），在王爷府右侧又建了府庙。1949—1952 年，这里曾是旗政府所在地。

汇宗寺位于锡林郭勒大草原东南部的多伦县旧城北 2 千米处，占地 26.6 万平方米。蒙古语称"呼和苏默"，意为青庙，因其殿顶覆以青兰色琉璃瓦而名。该寺始建于 1691 年（康熙三十年），是清王朝敕建的皇家寺院，由哲布尊丹巴活佛主持设计、建造。康熙五十一年（1712 年）三月全部竣工。康熙五十二年（1713 年）获赐寺名"汇宗寺"，康熙亲题匾额，御书汇宗寺碑文和汉白玉碑一对，用蒙、汉、满、藏四种文字记述建寺缘起经历。1732 年（雍正十年），外蒙古哲布尊丹巴活佛因故移居多伦淖尔，此外成为整个蒙古地区藏传佛教的中心。汇宗寺，亦作豦宗寺，当地俗称"东大仓"。汇宗寺庙质为木架结构，殿高 15 米，坐落在条石基础上，殿体前为包厦。殿分上下两层，由 1 米粗的 20 根大梁木支撑着，为九九八十一间之尊数。殿顶是蓝色琉璃瓦滚龙脊造型，塑有可与黄金相比的 1.5 吨金黄色风磨铜庙顶一个、八卦图一幅、羚羊两只。主殿院落内有五层殿院，南北长达一里半左右，东西宽约百米。章嘉呼图克图（即章嘉活佛）为该寺住持，执掌漠南内蒙古地区宗教事务及政务。各旗均派一名喇嘛高僧来此寺庙，庙内常住喇嘛 1000 余名，成为口外最大的喇嘛教寺庙。此外，汇宗寺方圆 30 千米的土地、出产均划归此寺。汇宗寺与 19 年后建起的善因寺相仿，但占地规模和庙宇建造范围比善因寺大约两倍。现仅存部分建筑，由广场、大山门、天王殿、八大菩萨殿、金刚殿、大雄宝殿及其附属的善因寺、13 座活佛仓、5 座官仓和 120 多座当子房等组成，具有典型的清代中原建筑风格。

贝子庙，蒙古语名"班智达葛根庙"，汉名"崇善寺"，是内蒙古四大庙宇之一，位于锡林郭勒盟锡林浩特市北部的"额尔敦陶力盖"敖包南坡下。始建于清乾隆八年

(1743年），历经七代活佛精修而成。全庙共分五大殿，中为朝克沁（行政教务）殿，两侧分别为拉布楞（活佛）殿、却日（哲学）殿、满巴（医务）殿和珠多都巴（天文数学）殿。此外，贝子庙周围还有十几座小殿和两千余间喇嘛住宅，总面积达1.2平方千米，沿袭黄教传统建筑格式，结构独特，雕刻精细美观。

在贝子庙建成后的百余年间，该庙成为远近牧民朝拜的主要场所，香火极盛。寺内存有大量反映蒙古民族历史和生活的壁画，并且有着雕梁画栋、重楼复阁、飞檐斗拱的建筑风格，还有千姿百态的佛像塑造、富丽堂皇的绘画装饰，均具有鲜明的民族特色。全庙四周耸立一座红塔、五座白塔。其中，红塔的修建是为了镇邪。罗本喇嘛庙东处有座白塔（亦称内白塔），据该庙喇嘛忆述，是为了纪念一位有功的经师而建，迄今已有200余年。其余四座白塔分别设在全庙四周角上，四座白塔观以内的区域为本庙管辖区。

诺尔古建筑群位于多伦县城多伦淖尔镇会馆前街，平面呈"中"字形。佛殿街兴隆寺建于清雍正十二年（1734年），占地1316平方米。兴隆巷的裕和永铜铺原是清代多伦四大铜铺之一，专营铜佛铸造，原四合院有房40余间，现存临街向东铺面，占地80平方米，面阔三间，砖木结构，卷棚硬山顶，券拱形门窗。聚兴长铺原为山西艾、常二姓老板旅蒙在多伦的最大商号，原四合院有房30余间，现存临街向西铺面，占地65平方米，面阔三间，亦为砖木结构，砖券拱形门窗，饰有雕花。附近多伦照相馆旧址原是镇集内的八大商号之一，临街向西，占地104平方米，为二层楼阁式建筑，硬山瓦顶，底层面阔五间，带前檐廊。街区内山西会馆又称伏魔宫，是清乾隆十年（1745年）山西客商集资建成，坐北朝南，占地5200平方米。现存房屋百余间，建筑面积1500平方米，有牌楼、山门、戏楼、二进门、过殿、正殿、钟鼓楼、长廊等。还有T字形戏楼，为前台后堂式建筑。

定远营位于阿拉善左旗（巴彦浩特镇）王府街，占地约25万平方米，素有"塞外小北京"的美誉，是中国北疆游牧民族地区唯一一座雄伟、正规的城池。清康熙二十五年（1686年），蒙古族顾实汗之孙和罗理归顺清政府，后又出征青、藏有功，为世袭亲王，受封驻地为定远营。雍正九年（1731年），清政府又将定远营赐予和罗理之子阿宝。阿宝之子罗布桑多尔济袭位后，在王府西侧建家庙，清乾隆八年（1743年）建成，乾隆二十五年（1760年）重修，获赐名延福寺，俗称衙门庙。城池为四合院式布局，设计独特，建筑精巧、宏伟，兼具蒙古、汉民族建筑艺术风格。主要建筑包括王府、延福寺、传统民居、城墙、城门遗存及城内历史街区、历史文化遗存、遗迹等。西院现存府门、大殿及东西配殿等，东院存王爷眷属住所，东北部尚有民国时期建造的一栋中西结合式房屋。

巴丹吉林庙位于阿拉善右旗的巴丹吉林嘎查，地处巴丹吉林沙漠腹地。巴丹吉林庙始建于1755年，据传新疆康布尼奇喇嘛由新疆途经巴丹吉林，在此修建庙宇，取藏文庙名"嘎拉登朋斯格阿拉布吉林"，民间俗称"巴丹吉林庙"。巴丹吉林庙又名苏敏吉林，其名"吉林"系蒙古语音译，汉语译为庙海子。巴丹吉林庙现存单体建筑三座，分别为巴丹吉林庙（讲经堂）、玛尼喇嘛拉卜楞、佛塔。巴丹吉林庙位于建筑群的中段，坐西向东，庙室分为上下两层，呈楼阁式，四角形角楼呈曲尺重楼歇山顶。玛尼喇嘛拉卜楞位于建筑群最南端，建成于民国三年（1714年），为三开间卷棚硬山带檐廊，面阔三间。院落东侧原为庙仓4座（现已拆除），院落围合。佛塔位于最北端，建成年代不详，为藏传佛教覆钵式佛塔。①

（九）近现代重要史迹及代表性建筑

1913年，中华民国政府在今呼和浩特地区设归绥县，1928年建绥远省，在归绥县城区设立归绥市作为省会。1947年，内蒙古自治区政府在王爷庙（今乌兰浩特市）成立，1954年迁址归绥市，并改称呼和浩特。

乌兰夫故居位于内蒙古自治区呼和浩特市土默特左旗塔布赛乡塔布赛村。该故居体现了典型的北方传统民居风格，故居是乌兰夫出生、成长和早期从事革命活动的地方。乌兰夫故居的主体建筑包括正房、东西厢房等部分，整体布局紧凑，结构稳固，反映了20世纪初当地农村的生活状况和社会背景。其建筑材料主要采用砖木结构，以青砖砌筑墙体，木材用于梁架结构和门窗装饰，屋顶多采用灰色瓦片覆盖，保持了原汁原味的传统风貌。故居内部格局按照当时的实际生活场景进行布置，展示了乌兰夫同志及其家人生活的环境与条件。除了居住区域外，故居周边还保留有与农业生产密切相关的设施，如碾打粮食的碾房、晾晒粮食的地方以及乌兰夫童年时玩耍的自然景观等。② 2006年，被国务院批准为第六批国家文物保护单位之一。

"独贵龙"运动旧址位于乌审旗巴彦柴达木乡。原为乌审旗畏古尔津合然所属之庙，初建于1663年。19世纪末以来，乌审旗"独贵龙"组织展开反封建压迫的运动，该旧址成为重要活动场所。1926年，内蒙古人民革命党乌审旗委员会、内蒙古人民革命军十二团曾在这里开展声势浩大的革命牧民群众运动，推翻封建王公统治秩序，建立劳动牧民政权——乌审旗公会。1929年，"独贵龙"运动领袖席尼喇嘛牺牲后，内蒙古人民革命党领导的乌审旗革命斗争惨遭失败。现在的"独贵龙"运动旧址是1985年在原嘎鲁图庙吉萨房的基础上重新修建的，总占地面积为437平方米，其中建筑面积为88平方米，共分三个陈列室，进行文物存放和展出。其中，骑兵十二团陈列室内有蒙汉两种文字的席尼喇嘛生平简介及历史评价、"独贵龙"组织活动地简介、席尼喇嘛革命活动示意图、部队十八次战役基本情况表和十二团组织机构示意图，并陈列了席尼喇嘛生前用过的生活用品。第一、二辅助陈列室主要以单元形式介绍席尼喇嘛一生的丰功伟绩，并附有当时的照片，陈列有80斤重的镣铐、"独贵龙"战士穿过的靴子、"独贵龙"的签名单等各种文物100多件。

---

① 侯智国. 内蒙古自治区巴丹吉林庙勘察实录——研究型实训室工作案例［J］. 住宅与房地产，2018（05）：227-228.
② 乌兰夫故居-旅游百科［EB/OL］. http://www.chinabaike.com/article/316/tour/2007/20071024609533.html（引用日期：2023-10-20）

呼和浩特市天主教堂位于回民区伊斯兰风情街上，以圣堂为主要建筑，建筑风格呈典型的欧式罗马形制，具有一定代表性。与呼和浩特市的佛教、伊斯兰教庙宇寺院建筑形式形成了鲜明的对比，并与之和谐共存，构成了呼和浩特市宗教历史文化的丰富内涵。天主堂于1922年移建至此，之后逐步发展出孤儿院、修道院、医院等系列建筑，是呼和浩特当时最大的欧洲建筑群，也是西方宗教在内蒙古地区发展的最好物证。此建筑由比利时专家设计、天津工人施工，坐东朝西，长32米，宽20米，高15米，北侧单塔楼高30米，呈十字形平面。建筑外墙饰浅红色面砖，门窗洞为半圆形拱券，大门上方亦为半圆拱形，上有"天主堂"三字。砖头都是特别烧制的，共耗费4万块方砖。北面的一排辅助建筑现今也保存了下来，为教会所用。

百灵庙起义旧址位于达尔罕茂明安联合旗驻地百灵庙镇艾不盖河之南的女儿山顶。1936年2月21日，德穆楚克栋鲁普王爷（简称德王）操控的"蒙政会"保安队官兵，为反对德王投靠日本侵略者，在共产党人乌兰夫的指导下，由云继先、朱实夫率领，在百灵庙举行武装暴动，举起蒙古族抗日旗帜。现在山顶建有纪念碑，碑呈方锥状，高20米。

白塔火车站旧址位于呼和浩特市赛罕区巴彦街道黑土凹村，建于民国十年（1921年）。站房上嵌有陈世英书的匾额"白塔车站PAITA"。白塔火车站是呼和浩特地区保存最好、最完整的民国时期火车站。1921年5月10日，平绥铁路（现京包铁路）建成通车，白塔火车站随即投入使用。民国二十六年（1937年），归绥沦陷后，日本侵略者对白塔火车站进行了局部改造。1977年，由于京包铁路局部改线，白塔火车站废弃，改为呼和浩特铁路局教育基地。白塔火车站旧址由站房、信号房、职工宿舍、站长住房及厨房等公用房和碉堡等建（构）筑物组成，站房、信号房、其他公用房属砖木结构，碉堡为混凝土结构，当时的公用厕所等都还在，有的还在使用中。

集宁战役遗址位于乌兰察布市集宁区桥西朝阳街与沙河路、新华街的交会处，原为面粉公司大楼，是一座主体为四层、局部为五层的建筑，墙壁上至今还留有弹孔。大楼始建于1940年，是侵华日军占领集宁时，为解决部队及随军日籍人员的生活给养而修建的。据文献和口头史料记载，该楼在修建时，驻集宁的侵华日军曾强征大批民工在工地劳动，采取极为野蛮的方式奴役工人。1942年正月初八，日军因过春节忙于吃喝，楼内机器运转时间太长而引发火灾，由于火势太大，楼房烧得只剩框架；1945年8月15日，日本侵略者无条件投降，这座残破的框架式楼房成为国共双方在历次战役中争夺的制高点；1949年新中国成立后，集宁战役遗址被集宁市粮食局第七供应站使用；1985年，乌兰察布市博物馆（当时为乌兰察布盟文物工作站）对遗址进行了大规模的保护与修缮，并利用修缮后的大楼作为办公、陈列、文物收藏的场所；2011年至今，该遗址建筑被乌兰察布市博物馆用作田野考古标本库房和文物修复中心，并同步开展了在遗址前竖立文物保护标志牌、划定保护范围、记录档案及制作基本图纸资料、安排专人进行日常看护等工作。

成吉思汗陵坐落在鄂尔多斯市伊金霍洛旗境内的巴音昌呼格草原上，是世界史上杰出的政治家成吉思汗的象征，也是祭祀这位伟人英灵的神圣场所。成吉思汗陵旅游区占地10

平方千米，控制面积 80 平方千米。金碧辉煌的陵宫、乳白色的墙壁、朱红的门窗、金黄的宝顶、蓝色的云图，独具蒙古民族特色。陵宫是祭祀成吉思汗的圣地，保留了成吉思汗八白宫的形状特点，成为蒙古民族代表性建筑。成吉思汗陵宫由正殿、后殿、东西殿、东西过厅组成，建筑面积约 2000 平方米，正殿高 24.18 米，东西殿高 18 米。陵宫内供奉着成吉思汗八白宫（室），并有巨幅壁画。屋檐正中悬挂着原国家副主席乌兰夫题写的"成吉思汗陵"牌匾。门景造型呈"山"字型，犹如巨大山峰自顶劈开，高耸的成吉思汗跃马雕像腾空而出，顶天立地、矗立中央，东西山峰凿刻出门景造型，凝实厚重、寓意深刻、气壮山河，故名气壮山河门。雕刻有蒙古民族图案的汉白玉苏勒德祭坛是供奉成吉思汗战神的地方，高 15.4 米，直径 54 米。以主苏勒德和四柄陪苏勒德组成的"四脖哈日苏勒德"是成吉思汗所向无敌的战神、平安吉祥的保护神，是成吉思汗勇往直前精神和压倒一切邪恶力量的象征，其缨子由九十九匹公马的鬃制成。祭坛上还安放着大蒙古国的阿拉格苏勒德（花蠹）。13 世纪，一位欧洲画家在目睹了当年成吉思汗大军出征时浩大的场面后，绘制了一幅"铁马金帐"油画。铁马金帐群雕即由此画复制而成，共有 385 尊雕像，每个高达 4 米，主要造型有：号令千军的大将、跨马征战的军士、传递军令的驿使、负重跋涉的驮运、跟随大军的牧者、后勤保障的羊群。阿拉腾甘德尔敖包，是为纪念成吉思汗掉马鞭而设立的。当年，成吉思汗率军路过鄂尔多斯，看到这里是一块水草丰美的风水宝地，留恋之际，失手将马鞭掉在地上。人们为纪念此事，便设立了敖包。成吉思汗陵园建立后，每年农历三月二十一日的查干苏鲁克大祭祭天仪式都在这里举行。成吉思汗及其子孙创建的广袤疆域横跨亚欧，地括 3200 万平方千米，草原丝路版图是中外历史上较大的重现蒙元帝国疆域的版图。门牌楼是进入成吉思汗陵园的标志，牌坊式大门上端悬挂着原国家副主席乌兰夫题写的"成吉思汗陵"石雕牌匾。蒙古历史文化博物馆以古文"汗"字（帝王之意）为造型，堪称当代蒙古族典型建筑之一，馆内珍藏有蒙古历史文物和精美独特的民族器物。在成吉思汗陵园以南一千米的宝日陶劳盖北坡、成吉思汗圣道中央，有一块受保护的遗址，这就是成吉思汗陵旧址。成吉思汗陵寝原型——八白宫（室），于 1649 年被郡王旗郡王、伊克昭盟首任盟长、鄂尔多斯济农额璘臣从黄河南岸的伊克召（王爱召）迁移至自己封地境内的巴音昌呼格河畔，从此这一地方被称为"伊金霍洛"（圣主的院落）。后来，成吉思汗八白宫（室）和苏勒德分别被供奉于鄂尔多斯几个旗，供奉成吉思汗宫帐的伊金霍洛便被称为"大伊金霍洛"。1954 年，成吉思汗陵在中央政府的关怀下得以重建，祭祀成吉思汗的宫帐与八白宫迁至金碧辉煌、富丽堂皇的陵宫。为了纪念供奉成吉思汗宫帐长达 307 年的遗址，便立了"大伊金霍洛遗址"碑，进行保护。成吉思汗陵内还有成吉思汗圣道，全长 4 千米。长明圣灯大殿，是成吉思汗归天后，守陵人点燃象征成吉思汗精神的长明圣灯之地。额希哈屯祭祀殿是供奉成吉思汗季子拖雷的夫人伊希哈屯唆儿和帖尼的宫殿，院内还供奉着成吉思汗胞弟哈撒儿、别里古台以及拖雷的灵包。铜像广场象征苍天大地恩赐于世间的博大的福禄，直径 66 米，寓意成吉思汗寿年，广场上建有高大的成吉思汗出征铜像。

现今的成吉思汗陵据说是一座衣冠冢，它经过多次迁移，直到1954年才由青海省涅中县的塔尔寺迁回故地，并在伊金霍洛建立新陵。2004年重修了陵园门牌楼、祭祀广场、成吉思汗铜像广场、99级台阶、苏勒德祭坛及大院、额希哈屯祭祀殿，更换陵宫大院道路，完成陵宫彩绘和壁画等。

第三节　古迹遗址概况与病害成因

一、古迹遗址现状概况

文物承载灿烂文明、传承历史文化、维系民族精神，是弘扬中华优秀传统文化的珍贵财富，是满足人民群众精神文化需求、服务经济社会发展的独特资源。内蒙古自治区文物古迹数量众多、类型丰富、分布广泛，保护任务艰巨、责任重大。"十三五"以来，内蒙古自治区出台《内蒙古自治区人民政府关于进一步加强文物工作的实施意见》《关于加强文物保护利用改革的实施意见》《内蒙古自治区革命文物保护利用工程（2019—2023年）实施方案》《内蒙古黄河流域文物保护专项规划》等文件，文物保护顶层设计持续优化，全区古迹遗址保护工作呈现良好发展态势。

全区共确认不可移动文物21 099处，石窟寺（含摩崖造像）36处，长城墙体长度7570千米、遗存点段13 278处。集宁战役旧址等8处入选第八批全国重点文物保护单位，全区现有全国重点文物保护单位149处（含世界文化遗产元上都遗址1处）、自治区级文物保护单位578处，重点实施了阿尔寨石窟、辽上京遗址、居延遗址等近300项文物保护工程，有效保护和改善了文物本体及周边环境。红山文化遗址、辽上京城和祖陵遗址、阴山岩刻遗址、"万里茶道"内蒙古段被列入《中国世界文化遗产预备名单》。大遗址保护和考古遗址公园建设迈出坚实步伐，元上都遗址等7处被列入全国大遗址名单，萨拉乌苏遗址等3处被列入国家考古遗址公园立项名单并有序推进建设。黄河文化系统保护工程启动实施，完成编制，黄河流域文物资源系统调查和黄河聚落遗址考古研究工作全面开展。

革命文物整体保护取得突破，19个旗县（市区）被列入国家第二批革命文物保护利用片区分县名单。公布了首批内蒙古自治区不可移动革命文物名录39处，其中全国重点文物保护单位6处、自治区级重点文物保护单位33处。内蒙古革命历史博物馆、内蒙古党委办公旧址展览提升，五一会址北侧红色主题雕塑建设工程有序施工和布展，内蒙古博物院征集革命文物4万件/套。全区博物馆围绕建党百年组织开展了系列展览，传承红色基因，赓续红色血脉。[①]

笔者在参与的30余项古迹遗址保护项目中发现，"十三五"以来，内蒙古自治区各级

---

① 内蒙古自治区文物局. 培根铸魂 守正创新 奋力谱写内蒙古文物事业发展新篇章[EB/OL].（2021-11-10）[2023-06-05]. https://wlt.nmg.gov.cn/zfxxgk/zfxxglzl/fdzdgknr/zdlyxx/whycbh/202204/t20220427_2046940.html.

政府对古迹遗址保护的重视程度明显加强，行业企业的专业化水平提升显著，服务贡献度持续提升，社会关注和舆论监督的力度也在不断强化。整体上看，自治区古迹遗址的保护整体向好形势明显。

保护文物功在当代、利在千秋。近年来，自治区先后颁布了《内蒙古自治区文物保护条例》《内蒙古自治区人民政府关于加强自治区境内长城保护工作的意见》《内蒙古自治区元上都遗址保护条例》《内蒙古自治区人民政府关于进一步加强文物工作的实施意见》和《内蒙古自治区革命文物保护利用工程（2019—2023）实施方案》，不断推动文物事业的协调发展。稳步推进辽上京与祖陵遗址、"万里茶道"内蒙古段、红山文化遗址、阴山岩刻遗址重点文化遗产保护与申遗工作。陆续实施了美岱召、五当召、乌素图召、辽上京遗址、新忽热古城、克里孟古城、中东铁路等一批文物保护工程及元上都遗址、红山遗址群、和林格尔土城子、应昌路遗址、成吉思汗陵、奈曼蒙古王府等重点文物单位"三防"工程项目。

二、古迹遗址病害成因的综合分析

不同类型古迹遗址的病害发育有其独特规律性，其地域分布特征与自然环境的差异有着比较紧密的联系。通过对分布于内蒙古中西部典型的重点保护古迹遗址的调查与资料收集，从古迹遗址病害的形成原因入手，以减缓或消除破坏遗址的主要环境因素为目的，可将病害归类为风沙蚀、暴雨侵蚀、干旱收缩、冻融循环、酥碱、地震、生物风化、人为作用等八种主要类型。

（一）风沙蚀

风沙蚀是指风沿地面吹动时，其自身的风力和携带的碎屑物使古迹遗址遭受冲击和磨损的动力作用。风沙蚀主要发生于植被覆盖度较低的干旱（年降水量<250毫米）、半干旱（年降水量<400毫米）区域，尤其在沟谷顺风地带更为常见。影响风沙蚀强度的因素有遗址自身的工程地质特性和外环境的风速、风力、地面覆被、地表侵蚀状况等。在干旱气候条件下，气温的急剧变化常导致大风的形成，大风中携带大量碎屑物，对土遗址的表面和墙基进行吹蚀、磨蚀。风沙蚀可造成古迹遗址表面的洞坑，严重时可将遗址吹蚀成上大下小的蘑菇状。目前，对风沙蚀的环境防治较成熟的措施有兴建防风林带或灌丛固沙带、草方格治沙、尼龙沙障、化学固化等。

遗址表面风蚀特征受到所处地区降雨量和风速的共同影响。

风蚀病害遍布遗址表面，在遗址上形成明显的凹槽、凹坑或钻孔的地区，普遍年均风速在 3 m/s 以上，并且年均降雨量小于 200 毫米。年均风速大，遗址表面覆盖少，风多沿着土性有差异的地方，侵蚀土质较差的土体，风蚀量大，遗址表面明显留存风力侵蚀形成的凹坑、凹槽或钻孔。再加上年均降雨量小，雨水对遗址表面的冲蚀有限，风蚀病害的现象可以保存下来，所以分布在这些地区的遗址风蚀病害明显。

风蚀病害发生在部分遗址表面形成凹槽或凹坑，但进深度普遍不大的地区，年均风速在 2~3 m/s，年均降雨量在 200~400 毫米。在这些地区，部分遗址的表面覆盖有植被，植被降低了风力侵蚀的程度，再加上降雨使部分墙体坍塌，所以风蚀病害的痕迹不明显。

在遗址表面没有观察到明显风蚀迹象的地区，年均降雨量在 400 毫米以上。由于遗址表面多覆盖有植物，减弱了风力对遗址的侵蚀，再加上降雨量大，雨水对遗址冲蚀严重，遗址大部分坍塌，风蚀痕迹被掩盖，因此尽管这些地区都存在大风天气，历史上受到风力的侵蚀，但是调查时在遗址表面未发现或仅偶尔发现风蚀痕迹。

总的来说，风蚀病害普遍存在于所有遗址，有植物覆盖或已经坍塌的遗址上，风蚀痕迹被掩盖。

(二) 暴雨侵蚀

暴雨是指短时间内发生大量降水的过程，日雨量达到 50~100 毫米的是一般暴雨，100~150 毫米为大暴雨，超过 150 毫米的称为特大暴雨。北方地区暴雨的分布和年降水量有关，大致呈南多北少的趋势。

古迹遗址受暴雨侵蚀的本体因素有土体成分、结构、构造、物理力学性质、水理性质、建造工艺等，降雨影响因素主要有雨强、历时、暴雨出现的频率等。暴雨对古迹遗址的侵蚀作用先是溅击打散土体表面，土体表层吸水达到饱和部分崩解后，剩余部分与下层土间的抗剪强度降低，上下层土体之间便形成滑动面，在重力作用下，表土向下滑动。暴雨还常在土遗址表面和基部形成短时径流，冲刷损害土遗址，严重时造成土遗址表面直接剥蚀、墙体裂隙扩展贯通，甚至造成土体坍塌和土体冲沟。雨后的干湿循环也会促使表层土体进一步形成龟裂、翘皮和酥碱等病害。防治暴雨侵蚀环境的措施主要包括搭建防护棚，设置防洪墙、排水沟、防渗墙，通过生态建设改善小气候等。

雨蚀病害在所有遗址都会发生，有植物覆盖或已经坍塌的遗址上，雨蚀病害痕迹被掩盖。

遗址的保存程度主要受到降雨量的影响，同时与遗址的类型有关。城址和长城墙体类遗址的保存特征有三类：①大部分墙体保存较好、墙体直立或近似直立的遗址，多分布在年均降雨量小于 180 毫米的地区；②部分墙体坍塌倒伏、断面成驴脊梁形，部分墙体一侧直立或近似直立、一侧成缓坡状的遗址，多分布在年均降雨量在 180~300 毫米的地区；③大部分墙体坍塌或倒伏、断面呈驴脊梁形，直立的墙体大部分低矮且一侧直立、另一侧成缓坡状，只有很少的墙体较为高大且直立性好的遗址，多分布在年均降雨量大于 300 毫米的地区。

其他遗址上雨蚀剥离的特征也有三类：①表面有龟裂纹、泥流和少量泥皮的遗址，多分布在年均降雨量小于 180 毫米的地区；②表面雨蚀剥离少、覆盖较厚泥皮的遗址，多分布在年均降雨量在 180~300 毫米的地区；③表面形成破碎的雨蚀结壳，结壳表面致密，内部有较厚的疏松层，局部结壳剥落的遗址，多分布在年均降雨量大于 300 毫米的地区。

冲沟的形成和发育受到降雨量、遗址中宽大墙体保存数量、遗址土体密度等诸多因素的影响，综合调查发现：冲沟发育数量较多、分布比较密集、普遍较深或者沟头较宽的遗址，多分布在年均降雨量180～400毫米的地区。

（三）干旱收缩

干旱收缩是指降水后由于强烈的蒸发作用，古迹遗址表面不均匀收缩的过程，也称龟裂。这种病害主要发生在北方干燥度较大的地区，纬度增加，病害程度也随之增大。影响土体干旱收缩的主要因素是土遗址自身的含水率和周围环境的蒸发力。在强蒸发力作用下，土体中的自由水、毛细水和弱结合水不断蒸发损失，土体积不均匀减小，土中应力不均匀分布，便在表面形成龟裂状条纹。干旱收缩会使土体表面形成微裂纹、龟裂片甚至裂隙。对于室内的小型土遗址，可人为调节室内的温度和水汽压指数以减少蒸发，而室外大型土遗址目前尚无控制环境因子的有效措施，只有通过改善遗址自身力学性质来提高抗侵蚀能力，如高模数硅酸钾加固技术的应用等。

（四）冻融循环

土遗址的冻融循环是指土体温度在结冰点上下波动时所产生的冻结和融化的循环过程。在北方，气温年较差和日较差随着纬度的增大而增大，因此冻融病害也随纬度增加而加剧。冻融破坏的主要影响因素是土体自身的含水量、气温的年内和日内变化等。产生冻融的原因有两点：一是随温度的持续变化，遗址土颗粒不断经受热胀冷缩的反复作用；二是土体温度变化引起孔隙水的相态转化，在固液态转化时的体积变化对土体骨架结构遭成破坏，进而使其力学强度降低。另外，土遗址所在区的地下水毛细作用也会增加土体含水量，加剧冻融破坏。对冻融循环的防治措施主要是增加地表覆被以增加地面的热容量、控制地下水位、设置防渗墙等。

（五）酥碱

酥碱是在水分参与下，遗址土中可溶盐在蒸发作用下发生的化学风化作用。影响土遗址酥碱的因素有土中含水量、可溶盐含量、环境蒸发力等，土中水分来源有大气降水、凝结水、地表河渠渗漏水、地下水等。在水的作用下，土体内部的盐分在遗址表面富集，由于盐分结晶、溶解后体积的变化，在膨胀—收缩—膨胀的反复作用下，土体结构不断疏松，导致土遗址的破坏。酥碱会造成土体表面酥软粉化，特别是基础部位，由于水分因重力作用向下运移而比较严重，再加上风蚀作用，底部常被掏空。酥碱的环境治理措施以治水为主，包括设置排水设施、防渗墙，设立保护棚等。

（六）地震

地震是因构造、火山、人工爆炸等因素引起的地壳快速颤动，其中构造地震占绝大多数。我国北方地区处于两个大的地震带上，即纵贯南北的中枢地震带和横亘华北地台的华北地震带。

地震时，两种体波在地球内部产生并传播，即压缩波和剪切波。面波是体波在地表附近衍生出的一种波，沿地球表层传播，对地表的破坏作用最强。地震会直接造成土体的松动、开裂、坍塌，对土遗址造成毁灭性的打击。地震属于自然界的不可抗力，只能通过组织管理等措施，将其造成的损失降至最小。

（七）生物风化

土遗址遭受的生物风化中既有物理作用也有化学作用，且以生物物理作用为主。生物物理作用主要表现为穴居动物如老鼠、蚂蚁等在墙体中打洞，鸟类在墙表面筑巢，羊群对遗址表土和墙基的践踏，植物对墙体的根劈作用等。目前生物风化的环境治理措施主要是将破坏土遗址的动植物祛除。

植物破坏和遗址所在地区的年均降雨量有明显关系：①密布植物、植物破坏严重的遗址，所在地区年均降雨量普遍在500毫米以上，植物种类多为灌木、乔木、苔藓地衣和少量草本类植物。年均降雨量大有利于植物生长，这些植物在遗址的裂隙中或表面生根发育，发达的根系在生长中不断扩大遗址原有的裂隙或形成新的裂隙，成为其他病害的通道，根系腐烂时，分解产生的酸碱性物质也会对遗址产生破坏。此外，灌木和乔木都是高大的植物，生长在遗址上会影响遗址的整体外观；②表面或墙体侧面坡积物上长有比较密集的草本类植物、墙体立面上长有苔藓地衣的遗址，所在地区的年均降雨量多在300~500毫米，遗址上生长的植物多为草本类植物和苔藓地衣类植物等；③墙体附近或侧面坡状堆积物上稀疏长有植物、墙体裂隙中偶尔长有植物的遗址，所在地区的年均降雨量多在180~300毫米，生长的多为草本类植物。墙体侧面的堆积物土质较为疏松，土体容易吸收水分，含水量增加，植物就容易生根。植物的生长又会增大土中的持水量，改变遗址附近的微环境条件，加速遗址上其他病害的发育。但遗址上直接生长的植物数量少，对遗址的直接破坏作用较小。④零星发现植物生长、多为耐旱型植物的遗址，所在地区年均降雨量小于180毫米，由于调查范围有限，因此只是偶尔见到遗址上有植物破坏。这些植物生长在裂隙中，促进裂隙的发育，但是生长数量少，对遗址的破坏作用相对较小。

植物破坏普遍存在于各处遗址，遗址上植物的生长状况不同，对遗址的破坏特征和程度不同。

（八）人为作用

从人为破坏的方式来看，可以分为三种：损坏遗址本体、侵占遗址周边的环境空间以及环境污染。本体损坏包括土遗址墙基或城墙被人为挖断，以及遭取土、践踏等扰动；环境空间的人为侵占包括土遗址周边空间被道路、电力、通信等设施占用，当地居民建房、修庙侵占；环境污染问题包括固废污染、水污染和视觉污染。

人为因素的影响，主要以法律手段、宣传教育等环境管理措施减缓或消除。

（九）其他

造成土遗址病害的其他环境作用还包括构造运动和环境地质问题。构造运动主要是指地球内动力作用引起地壳的机械运动，使地壳发生变形变位。水平运动和垂直运动是两种基本形式，水平运动使地壳中相邻的岩体发生挤压、分离拉开、剪切错动甚至旋转，垂直运动则造成地表的隆起或凹陷，二者相互伴生、联系和影响。在北方构造活动比较活跃的地区，如燕山地区，晋、陕、豫交界带和祁连山北侧等，这种地质因素对土遗址影响较大。

环境地质问题是指人类活动的"地质营力"对地质体产生负作用，进而影响到土遗址的保存环境，其中地面沉降、地裂缝是两个主要方面。地面沉降主要是过量抽取地下液态、气态矿体引起的，地裂缝是现代地表的一种线状破裂形式，以西安的报道最多，河北、山西、山东、安徽、河南等地均有发现，地球内、外动力作用和采矿塌陷、过量抽取地下流体资源等，都是造成地裂缝的主要因素。我国的油气资源、固体矿产资源以北方居多，而且水资源的利用以地下水为主，因此由于资源开采引起的环境地质问题也是研究土遗址保存环境不可避免的问题。

第二章
古迹遗址修缮与保护的技术

内蒙古地区的古建营造技艺受复杂的民族文化、本地宗教及周边地区影响，呈现出兼收并蓄的特点，主要为木结构工艺、夯土工艺和土坯工艺。修缮工艺传承也受到多方影响，一是通过宗教和古建匠人的口口相传和手手相传，二是技术移民比较多。如甘肃省白塔寺是永靖古建筑修复工艺的发源地，白塔木匠足迹遍及各地，其中就有内蒙古。

随着新技术的开发，古迹遗址民间传统修缮工艺正在渐渐流失。传统的木工、瓦工等技术工种有被现代化工艺所替代的趋势，一些传统工艺技术濒临失传。专门从事古迹遗址修缮的木工和瓦工等工匠寥寥无几，老一辈的师傅年龄偏大，青年人则不愿意学，因为一名合格的修复师除了要接受传统"师带徒"的培养，还要掌握建筑学、材料学、艺术史、社会学、工程学等跨学科的多方面专业知识，不仅要有吃苦精神，还要耐得住寂寞，故工艺无传承之处。而文物古建筑的修缮离不开这些传统工艺，传统匠人手工作品才能真正表达出历史的沉淀感及文化韵味。因此要重视民间传统技艺的保护开发，更要重视技术的传承和专业人员的培养。要培养出新一代既懂现代工艺，又懂中国传统建筑修缮技术的专业化人才，让其传承中华文明、弘扬古建技艺，才能使中国古建筑修缮走向全面发展的道路。

第一节 修缮保护工程原则

2015年发布的《中国文物古迹保护准则》（以下简称《准则》）明确指出："文物古迹保护是一项科学工作，必须建立在研究基础上。研究包括对文物古迹本体研究、相关保护技术、保护工艺的研究。""文物古迹的利用必须以文物古迹安全为前提，以合理利用为原则。""文物古迹的从业人员应具有相关的专业教育背景，并经过专业培训取得相应资格。"所有文物古迹保护工程必须严格执行《准则》要求，其中核心原则包括不改变原状、真实性、完整性和最低限度干预等。

一、不改变原状原则

不改变原状原则是文物古迹保护的要义。它意味着真实、完整地保护文物古迹在历史过程中形成的价值及其体现这种价值的状态，有效地保护文物古迹的历史、文化环境，并通过保护延续相关的文化传统。

文物古迹的原状是其价值的载体，不改变文物古迹的原状就是对文物古迹价值的保护，是文物古迹保护的基础，也是其他相关原则的基础。文物古迹的原状主要有以下几种状态：

（1）实施保护之前的状态；

（2）历史上经过修缮、改建、重建后留存的有价值的状态，以及能够体现重要历史因素的残毁状态；

（3）局部坍塌、掩埋、变形、错置、支撑，但仍保留原构件和原有结构形制，经过修整后恢复的状态；

（4）文物古迹价值中所包含的原有环境状态。

情况复杂的状态，应经过科学鉴别，确定原状的内容。由于长期无人管理而出现的污渍秽迹、荒芜堆积，不属于文物古迹原状。

历史上多次进行干预后保留至今的各种状态，应详细鉴别论证，确定各个部位和各个构件价值，以确定原状应包含的全部内容。一处文物古迹中保存有若干时期不同的构件和手法时，经过价值论证，可以根据不同的价值采取不同的措施，使有保存价值的部分都得到保护。

不改变文物原状的原则可以包括保存现状和恢复原状两方面内容。

必须保存现状的对象有以下几种：

（1）古遗址，特别是尚留有较多人类活动遗迹的地面遗存；

（2）文物古迹群体的布局；

（3）文物古迹群中不同时期有价值的各个单体；

（4）文物古迹中不同时期有价值的各种构件和工艺手法；

（5）独立的和附属于建筑的艺术品的现存状态；

（6）经过重大自然灾害后遗留下有研究价值的残损状态；

（7）在重大历史事件中被损坏后有纪念价值的残损状态；

（8）没有重大变化的历史环境。

可以恢复原状的对象有以下几种：

（1）坍塌、掩埋、污损、荒芜以前的状态；

（2）变形、错置、支撑以前的状态；

（3）有实物遗存足以证明原状的少量的缺失部分；

（4）虽无实物遗存，但经过科学考证和同期同类实物比较，可以确认原状的少量缺失的和改变过的构件；

（5）经鉴别论证，去除后代修缮中无保留价值的部分，恢复到一定历史时期的状态；

（6）能够体现文物古迹价值的历史环境。

二、真实性原则

真实性原则是指文物古迹本身的材料、工艺、设计及其环境和它所反映的历史、文化、社会等相关信息的真实性。对文物古迹的保护就是保护这些信息及其来源的真实性。与文物古迹相关的文化传统的延续同样也是对真实性的保护。

保护文物古迹真实性的原则是指在对文物古迹价值整体认识的基础上，以文物古迹物质遗存保护为基础，同时保护它所反映的文化特征及文化传统。这一原则包含了物质遗产和非物质遗产两个方面。它不仅适用于作为历史见证的古代遗址、古建筑等类型的文物古迹，而且对仍然保持着原有功能的历史文化名城、名镇、名村以及文化景观等类型的文物古迹的保护具有指导意义。对于这类具有活态特征的文物古迹，那些具有文化多样性价值的文化传统，是真实性的重要组成部分，需要得到完整的保护。

真实性包括了外形和设计；材料和材质；用途和功能；传统，技术和管理体系；环境和位置；语言和其他形式的非物质遗产；精神和感觉；其他内外因素。

真实性还体现在对已不存在的文物古迹不应重建；文物古迹经过修补、修复的部分应当可识别；所有修复工程和过程都应有详细的档案记录和永久的年代标志；文物古迹应原址保护等几个方面。

三、完整性原则

完整性原则是指文物古迹的保护是对其价值、价值载体及其环境等体现文物古迹价值的各个要素的完整保护。文物古迹在历史演化过程中形成的包括各个时代特征、具有价值的物质遗存都应得到尊重。

保护文物古迹的完整性的原则是指对所有体现文物古迹价值的要素进行保护。文物古迹具有多重价值。这些价值不仅体现在空间的维度上，如遗址或建筑遗存、空间格局、街巷、自然或景观环境、附属文物及非物质文化遗产等的价值，也体现在时间的维度上，如文物古迹在存在的整个历史过程中产生和被赋予的价值。在文物古迹认定、制定保护规划、保护管理、实施保护规划的过程中，要保护所有体现文物古迹价值的要素。要对各个时代留在文物古迹上改动、变化痕迹的价值和对文物古迹本体的影响进行评估和保护。文物古迹保护区划应涵盖所有体现文物古迹价值的要素，其保护管理规定应足以消除周边活动对文物古迹及其环境产生的消极影响。在考古遗址中需要注意对多层叠压、各时代遗存的记录和保护。规划中对考古遗址可能分布区的划定，体现了对文物古迹完整性的保护。需要尊重和保护与文物古迹直接相关的非物质文化遗产或文化传统。

四、最低限度干预原则

最低限度干预原则是指应当把干预限制在保证文物古迹安全的程度上。为减少对文物古迹的干预，应对文物古迹采取预防性保护。

对文物古迹的保护是对其生命过程的干预和存在状况的改变、采用的保护措施应以延续现状、缓解损伤为主要目标。这种干预应当限制在保证文物古迹安全的限度上，必须避免过度干预造成对文物古迹价值和历史、文化信息的改变。

作为历史、文化遗存，文物古迹需要不断的保养、保护。任何保护措施都应为以后的保养、保护留有余地。

凡是近期没有重大危险的部分，除日常保养以外，不应进行更多的干预。必须干预时，附加的手段应只用在最必要部分。

预防性保护是指通过防护和加固的技术措施和相应的管理措施，减少灾害发生的可能、灾害对文物古迹造成的损害，以及灾后需要采取的修复措施的强度。

第二节　修缮技术

一、木作修缮技艺

中国的木结构建筑见证了不同朝代的历史变迁，上自皇帝的宫殿、坛庙、陵墓，大臣的府第、官署，下至老百姓的民居、祠堂、佛寺、道观等，都充分显示出了我国古代劳动人民的智慧。其独特的艺术风格、优美的线形，成为世界建筑史中独树一帜的存在。由于好加工、取材方便等特点，木材一直是中国古代传统建筑的重要原材料。同时，木结构具有很好的稳定性，能保证梁柱的整体刚性，很多古代建筑延续保留至今，经历地震仍然能够屹立不倒。如山西应县木塔、北京故宫中的太和殿，均体现了我国传统木结构建筑的最高技术和艺术成就。

传统的木结构建筑，受自然与社会因素的影响，会出现不同程度的残损。因此，如何对其结构和构件部分进行合理的修缮，成为千百年来各地匠人的重要工作。目前，我国对于传统建筑的维护与加固必须遵守不改变文物原状的原则，原状系指古建筑个体或群体中一切有历史意义的遗存现状，若确需恢复到创建时或一定历史时期的原状，必须在根据可靠的历史考证资料进行充分的技术论证后，方可进行修缮。

（一）木结构古建筑的修缮原则

1. 保留原有结构、构造

古建筑木作工程原有的结构是我国古代能工巧匠巧妙设计的，精美绝伦，体现出古人高超的智慧，修缮时要予以保留。古建筑木作工程的基础就在于原有的结构框架，保留原有结构框架，就是保留其原有的历史价值。在对木作工程进行修缮时，还要通过结构的可靠性，论证檩条是否还具有抗震性。如果抗震性能不足，要使用原有的形制工艺，根据结构设计需要，增大断面或者增加连机，同时将梁枋等原有的雕刻构件尽可能保留下来，这样古建筑原来的历史价值才能得到保留。

2. 保留原有工艺、材料

古建筑木作工程中的工艺水平和原材料的使用都体现了当时社会的经济、文化水平，修缮时要坚持保留原工艺、使用原材料的原则。在对木作工程进行修缮时，除了安全原因而附加的原料、工艺外，其他方方面面都应该使用原工艺、原材料，包括油漆等防腐材料，都应与原来的相同。

3. 做好木材防水、防火

由于木作建筑遇水容易腐烂，特别是工业发展导致的大量酸雨，加快了木作建筑的腐烂，因此在修缮工程中不仅要修复已经腐烂的地方，更要做好防水工作。通过各种有效的防水手段，使古代木作建筑免受雨水的侵蚀，保留其完整性、原样性、美观性。

4. 符合修缮步骤、程序

在古建筑修缮中，因木作工程本身重要的历史价值，要保留其完整性、原样性，修缮程序的制订就显得更加重要。修缮步骤不合理或错乱不当，不仅会造成人力物力的浪费，更重要的是会损害建筑本身的历史价值。

5. 保留本真，避免损坏

在修缮方案的拟定中，要尽量减少工程量，能小修就小修，减少对建筑原样性的破坏。另外，对问题的解决，不仅要治标，更要治本，重复的修缮也是对木作建筑的损害。这就需要施工人员收集准确的数据，结合现代技术进行模型构建，分析哪个部位需进行修缮，并尽可能让修缮部位与整体和谐统一，注重保留本真，不破坏古建筑原本的价值。

（二）木结构主要构件的诊断与修缮

木构架能够充分体现木头的力学性能，每个部件的规格、形状和位置都是根据不同的建筑来进行设计的。

木构建筑的诊断，特别是承重木结构的勘查，应包括下列内容，如表2-2-1所示。

表2-2-1 木结构主要构件的诊断内容

勘察项目	内容
构件的形态	结构、构件尺寸及其连接方式
结构的支承	是否存在位移或者整体发生形变
木材的材质	变化状况
构件的受力	变形状态
连接的状态	主要节点的工作状态
修缮的记录	历代维修加固措施的现存内容及其目前工作状态

建筑整体构架大修即全部或局部拆落木构架，对残损构件或残损点逐个进行修整，也称落架大修。主要用于更换残损严重的构件，再重新安装，并在安装时进行整体加固。落

架大修的工程应先揭除瓦顶，再由上而下分层拆落望板、椽、檩及梁架。在拆落过程中，应防止榫头折断或劈裂，并采取措施避免磨损木构件上的彩画和墨书。拆落木构架前，应先给所有拟拆落的构件编号并标明在书面记录和图纸上。拆下的构件经检查确定需要更换或修补加固时，应按《古建筑木结构维护与加固技术标准》有关条款执行。

当不需要整体落架大修时，在不拆落木构架的情况下，使倾斜、扭转、拔榫的构件复位，再进行整体加固，也称打牮拨正。对个别残损严重的梁枋、斗、栱、柱等，应同时进行更换或采取其他修补加固措施。对木构架进行打牮拨正时，应先揭除瓦顶，拆下望板和部分椽，并将檩端的榫卯缝隙清理干净。如有加固铁件应全部取下，已严重残损的檩、角梁、平身科斗栱等构件也应拆下。木构架的打牮拨正应根据实际情况分次调整，每次调整量不宜过大，施工过程中若发现异常音响或出现其他未估计到的情况，应立即停工，待查明原因、清除故障后，方可继续施工。

在不揭除瓦顶和不拆动构架的情况下，直接对木构架进行整体加固，这种方法适用于木构架变形较小、构件位移不大、不需打牮拨正的维修工程。需要注意的是：加固方案不得改变原来的受力体系；对原来结构和构造的固有缺陷应采取有效措施予以消除，对所增设的连接件应设法加以隐蔽；对本应拆换的梁枋、柱，当其文物价值较高而必须保留时，可另加支柱，但另加的支柱应易于识别；对任何整体加固的木构架中原有的连接件，包括椽、檩和构架间的连接件应全部保留，若有短缺时应重新补齐；加固所用材料的耐久性不应低于原有结构材料的耐久性。

1. 柱的诊断与修缮

（1）柱的诊断。

木柱梁承受了屋顶的全部重量，是主要承担结构竖向荷载的构件。当柱身出现不同程度的糟朽、开裂，柱子的有效截面减小，承载能力降低，就极易折断或歪闪，甚至出现局部失稳的情况，造成不可逆转的损失。

柱的诊断主要包括：截面形状，尺寸，两端固定情况，柱身弯曲、折断或劈裂情况，柱头位移，柱脚与柱础的错位，柱脚下陷等。具体诊断内容如表2-2-2所示。

表2-2-2 柱的诊断内容

勘察项目	内容
腐朽	木材腐朽或老化变质的部位，范围和程度；当主要木构件需作修补或更换时，应鉴定其树种
虫蛀	木材虫蛀的部位、范围和程度
裂缝	对构件受力有影响的木节、扭斜纹和干缩裂缝的部位和尺寸
变形、折断	榫头或卯口处的压缩变形，榫头折断或卯口劈裂状况
柱础错位	柱与柱础之间错位量与柱径或柱截面沿错位方向的尺寸之比
锈蚀	铁件的锈蚀、变形或残缺状况

(2) 柱的修缮。

对木柱的干缩裂缝，当其深度不超过柱径或该方向截面尺寸 1/3 时，可按下列嵌补方法进行修整：当裂缝宽度不大于 3 毫米时，可在柱的油饰或断白过程中用腻子勾抹严实；当裂缝宽度在 3~30 毫米时，可用木条嵌补，并用改性结构胶粘剂粘牢；当裂缝宽度大于 30 毫米时，除用木条以改性结构胶粘剂补严粘牢外，尚应在柱的开裂段内加铁箍或纤维复合材箍（2~3）道，若柱的开裂段较长，则宜适当增加箍的数量；若裂缝处于柱的关键受力部位，则应根据具体情况采取加固措施或更换新柱；对柱的受力裂缝和尚在开展的斜裂缝，必须进行强度验算，然后根据具体情况采取加固措施或更换新柱。

当木柱有不同程度的腐朽而需整修、加固时，可采用下列剔补或墩接的方法处理：当柱心完好，仅有表层腐朽，且经验算剩余截面尚能满足受力要求时，可将腐朽部分剔除干净，经防腐处理后，用干燥木材依原样和原尺寸修补整齐，并用耐水性胶粘剂粘接，为周围剔补时，尚需加设铁箍等；若木柱内部腐朽、蛀空，但表层的完好厚度不小于 50 毫米时，可采用同种或材性相近的木材嵌补柱心并用结构胶粘接密实，当无法采用木材嵌补时，可采用高分子材料灌浆加固；当柱脚腐朽严重，但自柱底面向上未超过柱高的 1/4 时，可采用墩接柱脚的方法处理，墩接时可根据腐朽的程度、部位和墩接材料，选用木料或石料墩接。

当木柱严重腐朽、虫蛀或开裂，且不能采用修补、加固方法处理时，可考虑更换新柱。但更换前应做好下列工作：一是确定原柱高。若木柱已残损，应对其结构、时代特征和同类木柱进行考证和综合分析，推定原来的柱高、柱径和形状。二是甄别复制。对需要更换的木柱应确定是否为原建时的旧物，若已为后代所更换、与原形制不同时，应按原形制复制；若确为原件，应按其式样和尺寸复制。三是保证施工安全。在不拆落木构架的情况下墩接木柱时，必须用架子或其他支承物将柱和柱连接的梁枋等承重构件支顶牢固，以保证木柱悬空施工时的安全。

2. 梁、枋的诊断与修缮

梁、枋作为房屋的重要组成部分，主要是木构系统的受弯构件。木梁柱能够承受屋顶的全部重量，通过椽、梁传到木头圆柱，最后到达地面。

在使用过程中，梁柱的受损程度受到跨度、悬挑长度、截面形状及尺寸、受力方式、支座情况的影响，木材天然缺陷也会导致梁、枋的挠度增加，引起侧向变形、扭闪、梁头下垂、梁尾翘起、劈裂等病症。有的还会在关键受力部位，如木节、扭斜纹处出现干缩、裂缝的现象。具体内容如表 2-2-3 所示。

表 2-2-3

勘察项目	内容
腐朽	木材腐朽或老化变质的部位、范围和程度
虫蛀	木材虫蛀的部位、范围和程度

续表

勘察项目	内容
裂缝	对构件受力有影响的木节、扭斜纹和干缩裂缝的部位和尺寸
变形、折断	榫头或卯口处的压缩变形、榫头折断或卯口劈裂状况
梁身损伤	跨中断纹开裂和梁端劈裂状况

在梁、枋的修缮过程中，应根据残损情况以及承载能力的验算结果，进行具有针对性的修缮。

当梁枋构件的腐朽采用粘贴木块修补时，应先将腐朽部分剔除干净，经防腐处理后，用干燥木材按所需形状及尺寸制成粘补块件，以改性环氧结构胶粘剂贴补严实，再用铁箍或螺栓紧固。若验算表明其承载能力已不能满足使用要求，则须更换构件，更换时，宜选用与原构件相同树种的干燥木材，并预先做好防腐处理。

当梁枋出现裂缝时，通常采取嵌补的方法进行修整。即先用木条和耐水性胶粘剂将缝隙嵌补粘结严实，再用两道以上铁箍或玻璃钢箍、碳纤维箍箍紧。若构件的裂缝深度超过一定的限值，则应进行承载能力验算。若验算结果能满足受力要求，仍可采用上述方法修整；若不满足受力要求，则采用支顶立柱，埋设碳纤维板、型钢，更换构件等方式，并保证梁枋的整体性。

3. 斗栱诊断与修缮

斗栱是古建筑木作工程的重要特色，栱、翘、昂、枋是其重要组成部分，烦琐性、交叉结合性以及易变形性是其构件结构的主要特点。正是由于这些特点，古建筑木作工程中的斗栱易出现变形弯曲、断裂、腐烂以及斗耳脱落等问题。

斗栱有下列损坏应视为残损点：明显变形、错位或扭转；栱翘折断，小斗脱落；明显压陷；劈裂、偏斜或移位；腐朽、虫蛀或老化；有明显破坏迹象等。

在修缮斗栱的过程中，要重视斗栱的构成结构，有针对性地进行修缮。凡能整攒卸下的斗栱应先在原位捆绑牢固，整攒轻卸，标出部位，堆放整齐。

维修时，不得增加杆件，但对清代中晚期个别斗栱有结构不平衡的，可在斗栱后尾的隐蔽部位增加杆件补强。当角科大斗有严重压陷外倾时，可在平板枋的搭角上加抹角枕垫。斗栱中受弯构件的相对挠度未超过 1/120 时，可不更换；当有变形引起的尺寸偏差时，可在小斗的腰上粘贴硬木垫，但不得放置活木片或楔块。应将小斗与栱间的暗销补齐，暗销的榫卯应严实。斗拱的残损构件凡能用结构胶粘剂粘接而不影响受力者，均不得更换。

4. 屋盖构件的诊断与修缮

翼角、檐头、檩条等支撑构件出现材质腐朽或虫蛀，角梁后尾的固定部位无可靠拉结，由戗端头劈裂或折断，翼角、檐头受力状态已明显下垂，多数檩条挠度较大而导致漏雨，檩条支承在木构件上的长度小于 60 毫米、支承在砌体上的长度小于 120 毫米，檩端脱榫或檩条外滚等，都属于屋盖构件的残损点。

屋盖构件主要通过榫卯的方式连接，主要有柱与额枋连接处；檩端连接处；有外廊或周围廊的木构架中，抱头梁或穿插枋与金柱的连接处；其他用半银锭榫连接的部位。榫卯连接构造较为薄弱，在整体加固时，应根据具体情况，采用适当形式的连接件予以锚固。榫头腐朽、断裂时，应先将破损部分剔除干净，并在梁枋端部开卯口，经防腐处理后，用新制的硬木榫头嵌入卯口内，嵌接时，榫头与原构件用改性环氧结构胶粘牢并用铁件固紧。梁头腐朽部分大于挑出长度1/4时应更换构件，小于挑出长度1/4时，可根据腐朽情况进行修补或另配新梁头，并做成斜面搭接或刻榫对接，接合面应采用环氧结构胶粘接牢固，对斜面搭接还应加两个及以上螺栓或铁箍加固。

二、瓦石土作修缮技艺

瓦作、石作与土作的专业范围博大精深、自成体系，是我国古迹遗址修缮中继木作后又一重要和关键的部分。

瓦作是包括苫背挂瓦和砌砖墁地的营造技艺，在我国传统建筑的营造过程中，泥砖瓦不分家，统称为瓦作。石作是古建筑基础、踏步、墙体等部位石材的加工技艺。土作是古建筑台基、地基等土方工程的营造技艺。

依据《中国文物古迹保护准则》，进行瓦石土作修缮时，必须以原有的材料规格和配比以及原始的工艺做法来完成，要保护古迹遗址的原真性。瓦石土作在古建筑中的应用范围非常广泛，以下将从古建筑不同构造部位的修缮来阐明瓦石土作的修缮技艺和做法。

（一）台基修缮

1. 台基的一般病害

中国古代木构建筑绝大多数都会在每根柱子底部用砖石砌筑磉墩作为独立基础，磉墩下有灰土夯实层。台基的构造分为地面以下的埋头部分和地面以上的台明部分（图2-2-1）。一般的施工步骤是，先开挖基坑（满堂红）或基槽（底槽），然后用一定配合比的灰土分层夯筑打成硬底，再在灰土夯实层之上砌筑磉墩和拦土墙，最后是包砌台明。磉墩下的灰土层，明代以前多用黄土与碎瓦隔层筑打，明清时期普遍使用灰土（白灰与黏土混合物），夯筑工序十分复杂，且埋于地下，出现病害的概率较小。个别基础下沉情况，绝大多数源于外部环境改变，例如室外排水不畅导致地基浸水松软，或者地下水位升降导致木桩糟朽，这种情况多见于南方。内蒙古地区气候较为干燥，基础沉降情况多见于东部地区和临水古建筑。此外，台基绝大部分的病害都在台明，裸露室外易遭到风雨侵蚀或使用过程的磕碰磨损是台明病害的主要成因，多见于阶条、陡板、台阶位置的磕碰磨损和酥碱风化，勾缝灰条脱落导致的阶条、陡板、土衬等构件位移坍塌，也有选料不慎或受力不均引起的构件断裂（表2-2-4）。

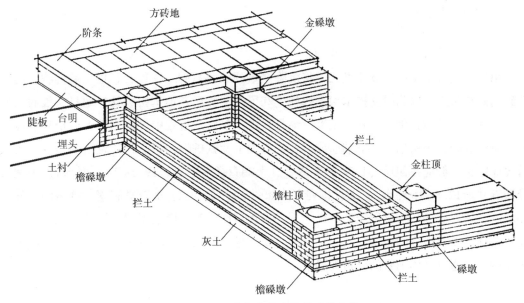

图 2-2-1　古代木构建筑基础构造①

表 2-2-4　基础病害类型②

序号	病害部位	现象	成因	图片示意
1	基础埋头	基础沉降	（1）室外排水不畅导致地基浸水； （2）地下水位升降或地质变化	—
2	阶条、陡板、台阶	酥碱风化、磕碰磨损	（1）风雨侵蚀； （2）使用磕碰	
3	阶条、陡板、土衬、埋头、台阶	构件歪闪、位移和坍塌	油灰勾缝年久油性减退导致灰条脱落、灰缝生草	
4	阶条、陡板、土衬、埋头、台阶	构件断裂	（1）选料不慎，材料本身有缺陷； （2）荷载或受力不均匀	

---

① 图片来源：刘大可著《中国古建筑瓦石营法（第二版）》。
② 图片来源：作者自摄。

2. 台基修缮

（1）台基下沉的修缮。

基础沉降的常见维修方法有两种。

第一种是打桩加固。具体做法是将沉降严重的磉墩基础、柱顶石和拦土墙拆除，清除残碎的砖和灰土，以临时支护木架支撑柱子和梁架，然后在地基松软处打地钉，最后按照原做法和尺寸重新补砌磉墩和拦土墙。地钉在古建筑营造过程中一般用于土质松软或者临水建筑的基础，多用柏木，下端砍成尖状，桩尖上套铁桩帽，长度视建筑重要程度和土质情况而定，一般应在四尺（1.28米）以上，上端直径六七寸（19.2~22.4厘米），下端直径四五寸（12.8~16厘米）。地钉排列方法如图2-2-2所示，梅花桩和莲三桩多用于柱顶磉墩下，马牙桩和排桩多用于墙基拦土下。古建筑修缮时，应根据现代设计规范决定是否使用地钉，以及地钉的数量、长度和排列方式。桩子的长度并非越长越好，一定要看地层土质情况，通过具体细致的分析而确定。

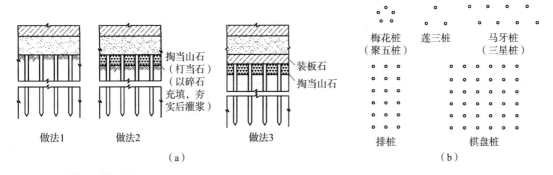

图2-2-2 地钉分位及做法

(a) 地钉做法；(b) 地钉分位[①]

第二种是灌浆加固。传统建筑营造中除了打桩之外，还有用灌江米汁、油籴籴或泥籴籴等特殊手法对基底进行增强的情况。内蒙古大部分地区地质较为坚硬，古建筑修缮时，修理基础的机会是不多的，若基础沉降严重、必须开挖重修，因施工难度较大，且对上部梁架和建筑整体结构影响较大，一般采用现代材料和做法进行灌浆加固。一种是用现代灌浆机具，将水泥浆或细砂水泥浆灌入松软地基；另一种是硅化法，将水玻璃和氯化钙溶液以2∶1的体积配比轮流注入松软地基内。待基底完全坚硬后，以原规制重新补砌磉墩和拦土墙。

（2）台明修缮。

台明的阶条、陡板、土衬、踏步等构件多使用石材，也有小式建筑、民居等采用砖砌台明。要按照原材料、原规制进行修缮。

石材包砌的台明常用灰油勾缝，灰缝脱落的一般维修办法是将缝隙内的积土或杂草清

---

① 图片来源：刘大可著《中国古建筑瓦石营法（第二版）》。

理干净，以油灰重新勾抿严实。油灰的传统用料和重量配比一般为白灰：生桐油：麻刀＝100：20：8。现在维修时根据实际情况，也常以1：1至1：3的水泥砂浆代替古代油灰，颜色较浅时可使用白水泥加适当的色料，以求与原石料色泽相协调。

石构件表面风化酥碱的一般维修办法是：将酥碱部分剔除，表面清理干净，用预先配好并加热的"补石药"将酥碱部位粘补齐整，再用白布擦拭光亮。补石药的传统用料和质量配比一般为石粉：白蜡：黄蜡：芸香＝100：5.1：1.7：1.7。现在维修时根据实际情况，也可用乳胶之类的高分子材料作为胶粘剂，掺和石粉、色料进行粘补。

构件断裂的一般维修办法是：将断裂面预先清理干净，待干燥后，将"焊药"加热熔化后涂在断裂石构件的两面，趁热黏合压紧。焊药的传统用料和重量配比一般为黄蜡：白蜡：芸香＝3：1：1。现在维修时根据实际情况，一般采用环氧树脂（E-44）作为黏合剂。用以上黏接方式黏合后的石缝颜色较深，影响外观效果，所以一般在黏接时，距离表面应留出0.5~1厘米的空隙，待主体粘牢后，再用乳胶或白水泥掺原色石粉补抹齐整。

石构件损坏严重的情况下，需要将其以原材料、原尺寸式样的构件进行更换，石料加工应当采用传统工艺手法。更换构件时应先将原损坏构件揭除，并将相邻构件表面清理干净，按原位标立木桩、挂线，底部找平，四角置石块或铁块，留出灌浆口，然后安装构件，构件安置好后，先灌稀浆，再灌稠浆，灌浆一定要饱满。更换柱础等承重构件时，要在底部用油灰灌浆，或用1：2至1：3的水泥砂浆代替油浆。

砖砌台明的阶条、陡板、土衬、台阶等部位，局部或全部用砖砌（图2-2-3）。砖的排砌方式和工艺与墙体类似，修缮方法也与墙体的修缮类似，具体病害类型和修缮方法参考本节墙体修缮部分。

图2-2-3　砖石混砌台明①

---

① 图片来源：作者自摄（呼和浩特边宁古寺某建筑）。

(二) 地面修缮

1. 地面的一般病害

地面分为室内地面和室外地面。室内地面按材质又分为木地板和砖石墁地。木地板病害及修缮参考本节第一部分木作修缮技艺。砖墁地有方砖和条砖两种,一般构造是在挡土墙和回填土以上用素土或灰土夯实作为垫层,再在上面铺砖。大式建筑垫层常常要做几步灰土,宫殿建筑甚至要在灰土垫层以上再做砖垫层。石活地面在北方地区不多见,内蒙古地区有室外以碎拼石板或卵石铺砌甬路、散水或海墁等做法(图2-2-4),还有部分民居室内外采用焦渣地面。砖地面因年久磨损、基础沉降、回填土沉降等,会出现凹凸不平、裂缝、碎裂和残缺等情况。室外砖石地面除上述病害外还容易砖缝生草。

图 2-2-4　龙梅玉荣旧居院落碎石板海墁地面①

2. 室内砖地面修缮

砖地面碎裂、残缺面积较小时可以局部揭除重墁,面积大时最好全部揭除重墁。地面揭除时,要做好原样记录,逐行逐块用撬棍轻轻揭除并编号,将表面清理干净,按照规格和残损程度分类码放,查清数量(图2-2-5)。碎裂严重的应以原尺寸砖料替换,铺墁前要将旧的垫层清理干净,垫层有损毁的要按照原规制补做,一般为素土夯实或打三七灰土(体积比为白灰:土=3:7)1~2步。垫层做好后,四角要进行抄平,在墙壁四周弹线,根据原样分出行数,再挂线逐行铺墁。

墁砖分糙墁和细墁。糙墁的砖料不需要砍磨加工,传统做法是以掺灰泥(体积比为白灰:黄土=1:2~1:3)铺底1~2厘米,按弹好的线自一端开始依原样铺墁,随墁随用白灰掺黄土面(比例同上)扫入缝内灌严。现在修缮也常用1:3白灰砂浆做垫层和灌缝。细墁的砖料需要砍磨加工成盒子面或八成面,细墁地面的灰缝很细,平整、洁净、美观,更有讲究的做法还要将砖面以桐油浸泡,坚固耐久。细墁时要按线试摆,用水平尺和拐尺

---

① 图片来源:作者自摄。

图 2-2-5　五原县兴隆昌万字会堂地面揭除场景①

检验砖块是否方正，边棱要严密平直。试摆无误后要对砖料进行编号，然后揭起正式铺墁，传统上称为"揭趟"。正式铺墁时，传统做法是先铺纯白灰或掺灰泥1~2厘米作为底灰，按试摆编号逐块铺墁，随时用木槌敲击使四角合缝、砖面平整。现在修缮时，底灰也可使用1∶3白灰砂浆或1∶2白灰细焦渣代替。砖棱勾灰用青白麻刀灰，配比同瓦顶勾缝（见本节屋面修缮）。

3. 室外地面修缮

室外地面及甬道的砖缝或石缝内容易生草和杂树，通常需要人工连根拔除，再用水泥砂浆加清灰勾抿严实。室外台明、月台多为方砖细墁，院内地面、甬道、散水等为条砖糙墁。具体维修办法与室内地面一致，需要注意的是，室外地面修缮应当事先抄平、找好散水，严格的需钉木桩标明高程，挂线以保证一定的排水坡度，一般参考现代做法，取1%~2%坡度为宜。有些卵石、石子或碎石地面，若需要重修时，应事先测出花纹图案大样，尽量按照原样补配或重墁。石材的形状、色泽应尽量与原状一致。传统方法铺墁时常采用白灰砂浆，现在修缮时以水泥、白灰混合砂浆代替。

(三) 墙体修缮

1. 墙体的一般病害

我国古代木构建筑的墙体一般并不承重，只起到维护、分隔和加强建筑整体刚性的作用。墙体从材料来看以砖墙居多，地方乡土做法有土坯墙、石墙，南方还有竹木编壁墙。内蒙古地区有一大部分建筑遗址的墙体是砖和土坯或滑秸泥混合砌筑的，常见的是外皮使用砖砌、里皮采用土坯或滑秸泥，这种墙体被称为"外熟内生"。例如萨拉齐关帝庙建筑群、阿拉善巴丹吉林庙、磴口县三盛公天主教堂、玫瑰营教堂墙体均属此种类型（图2-2-6）。内蒙古地区还有大量的土坯房屋遗址，例如呼和浩特德胜沟革命遗址、龙梅玉荣旧居等，墙壁全部用土坯砌筑而成，是内蒙古中西部地区木骨泥墙民居的典范。

---

① 图片来源：作者自摄。

图 2-2-6　萨拉齐关帝庙西厢房外熟内生墙体①

砖墙的常见病害为歪闪、坍塌、墙身裂缝、风化酥碱、构件脱落等（表 2-2-5）。主要原因有以下几种：一是基础沉降、木构架歪闪导致墙体受力不均匀而产生裂缝或歪闪、坍塌；二是风雨侵蚀或屋面漏雨导致墙体受潮而风化酥碱；三是年久风雨侵蚀或受潮导致灰条风化而使部分构件歪斜脱落。

表 2-2-5　砖墙病害类型②

序号	病害部位	现象	成因	图片示意
1	墙身整体	歪闪、坍塌	（1）基础沉降、木架歪闪； （2）屋面漏雨、灌缝	
2	砖墙下碱	裂缝、风化酥碱	（1）基础掩埋、室外排水不畅导致下碱受潮； （2）风雨侵蚀； （3）木架歪闪、墙体受力不均	
3	砖墙上身	裂缝、风化酥碱	（1）木架结构歪闪、墙体受力不均； （2）风雨侵蚀	
4	博缝、檐口	风化酥碱，博缝、戗檐等构件脱落	（1）屋面漏雨、墙体受潮； （2）风雨侵蚀	

---

① 图片来源：作者自摄。
② 图片来源：作者自摄（图片内容依次为萨拉齐关帝庙西厢房北山墙、伊金霍洛旗郡王府外墙下碱、乌兰察布市察右前旗玫瑰营教堂南立面、五原县兴隆昌万字会堂脱落的博缝头）。

内蒙古地区土墙多见土坯和夯土两种。土坯墙一般以土坯砖自下而上、几皮卧砖和一皮墩砖交替砌成，表面再以秸秆泥抹压平整，室内有的刷白灰浆、有的裱墙纸，土炕周围内墙也有以漆刷墙围或作漆画（炕围画）的。土坯墙因防水性比砖墙差，耐久年限要短一些。一般病害有表面空鼓、开裂、灰皮剥落，土坯断裂坍塌，下碱潮碱风化、局部坍塌，顶部漏雨开裂、坍塌等（表2-2-6）。夯土墙外部一般有抹灰层保护，灰皮容易剥落，下碱容易酥碱坍塌。外熟内生墙体除了上述病害以外，里外皮结构之间还容易脱离。

表 2-2-6　土坯墙病害类型①

序号	病害部位	现象	成因	图片示意
1	墙身整体	歪闪、坍塌	（1）基础沉降、木架歪闪； （2）屋面漏雨、灌缝； （3）墙体潮碱风化严重失去稳定	
2	墙基、下碱	洇湿坍塌	室外排水不畅导致墙基下碱受潮	
3	外墙表面	泥皮空鼓、开裂、剥落	风雨侵蚀、受潮	
4	内墙表面	油饰剥落，表面灰皮空鼓、开裂、剥落	（1）受潮； （2）日常使用油烟、磨损磕碰等	

2. 砖墙的修缮

墙身歪闪、坍塌的临时抢救办法是用木柱支顶（图2-2-7）或在墙根部位用砖或石块垒砌挡墙（旧称卧牛），为进一步的勘察评估和修缮设计争取时间。

墙身歪闪、坍塌情况严重时，需要及时拆除、按原样重砌。传统砖墙的砌筑工艺有干摆、撕缝、淌白和糙砌四种。内蒙古地区除寺庙、府邸、衙署等重要建筑的局部采用干摆做法外，大部分古建筑采用撕缝、糙淌白或糙砌做法。干摆做法比较细致讲究，多用于大式建筑墙体的下碱、墀头、上身、博缝等外观要求高的部位。砖料一般有城砖、停泥砖、方砖等，需按照原墙体的砖料尺寸选择合适的规格，砍磨加工成五扒皮砖或膀子

---

① 图片来源：作者自摄（前三张图片，内容依次为隆盛庄镇传统民居王家大院西厢房外墙、隆盛庄镇传统民居院墙、龙梅玉荣旧居）与《内蒙古日报数字报》（炕围画）。

图 2-2-7 萨拉齐关帝庙西厢房①

面砖（图2-2-8）。重砌时，需要按照拴好的定位线先摆样活，不足之处及时打磨调整，无误后正式垒砌。包灰之间塞白灰浆，上下磨砖对缝，外表不能露出灰浆。撕缝的砖料一般为旧城砖、停泥砖或开条砖，需按照原尺寸规格，砍磨加工成三缝砖，用白灰浆垒砌并分层灌白灰浆，灰缝一般不超过0.2厘米。糙淌白操作方法基本和撕缝相似，灰缝一般可以宽至0.3~0.4厘米，撕缝或糙淌白需用平尺或竹片耕缝。糙砌是砖墙中应用最多的，台明背里和干摆、撕缝、淌白墙的里皮或填馅等都用糙砌，内蒙古地区还有墙体外皮也用糙砌的。一般砌法是用完整的旧砖或新砖，不进行砍磨，直接以3:7灰泥垒砌，分层灌挑花浆（白灰黄土混合物），灰缝宽度0.5~0.8厘米，有的甚至达到1厘米。若糙砌作墙体外皮，考虑美观，一般要用勾缝刀耕缝。

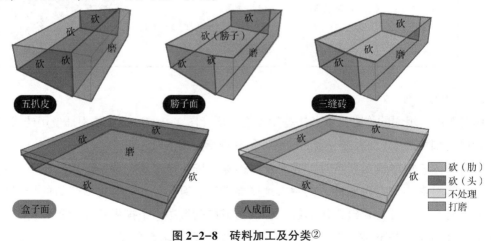

图 2-2-8 砖料加工及分类②

---

① 图片来源：作者自摄。
② 图片来源：作者自绘（五扒皮：用于墙体干摆做法和细墁条砖地面；膀子面：用于墙体撕缝做法；三缝砖：用于干摆第一皮、槛墙最后一皮、鳗地靠墙的部位；盒子面：用于细墁方砖地面；八成面：用于质量要求一般的细墁尺二方砖地面）。

砖墙裂缝的处理要视裂缝宽度而定，0.5厘米以下裂缝用铁扒锔沿墙缝加固，每隔1米左右用一个。0.5厘米以上裂缝，每隔一定距离剔除一层砖块，内加扁铁拉固加强，再补砌砖块，并用1∶1或1∶2水泥砂浆将裂缝勾严，重要的建筑也可在裂缝内灌注水泥浆或环氧树脂（图2-2-9）。

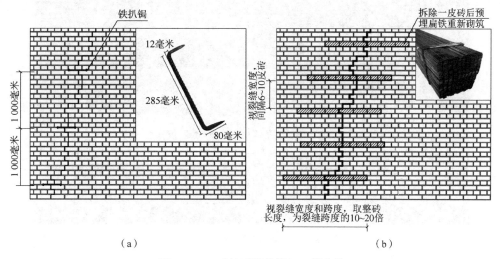

图 2-2-9　砖墙裂缝修缮加固措施①

(a) 5毫米以下裂缝；(b) 5毫米以上裂缝

墙面风化酥碱一般采用剔凿法或修补法。酥碱严重的，用小铲或凿子将砖块酥碱部分挖出，挖出深度以能卡住新补砖块为宜，一般为4厘米左右，补砖应用原尺寸砖块砍磨加工成合适大小，浸水后原位镶嵌，挖补完成后需用磨头将砖面打磨平整，最后以灰泥将砖缝填抹平整（图2-2-10）。局部表面酥碱先剔除干净，接下来的传统做法是用青白麻刀灰补抹，现在修缮多用乳胶掺砖灰面修补平整。

墙体石构件修补参照台明石构件修补方法，其他如博缝砖（头）、戗檐砖、金刚墙等脱落或坍塌的，要以原样砖料砍磨后，按原规制重新补砌。需要注意的是，墙体顶部接近檐口部位容易漏雨受潮，需要做必要的防水处理，传统做法是灰中掺麻，现在修缮多用水泥砂浆，不影响外观效果，防水性能更好。

3. 土墙的修缮

滑秸泥土墙或夯土墙灰皮剥落可局部补抹或全部重抹，下碱酥碱坍塌的，一般以砖局部补砌再抹灰，坍塌严重的应当按原做法式样重新夯打或垒砌。土坯墙应按原尺寸式样，用滑秸泥垒砌土坯砖重新砌筑，外表抹灰刷浆。土坯砖多以当地的黏土用水泡散，加入秸秆拌匀，装在木板或铁条制成的模具里，预制成长一尺二（约38.4厘米）、宽八寸（约25.6厘米）、厚度约10厘米大小。滑秸泥的重量配比与土坯砖基本相似，一般约为黏

---

① 图片来源：作者自绘。

图 2-2-10　墙体剔凿施工①

土∶滑秸＝100∶8。土墙内表面油饰脱落，若可以考证，应按原样复原，详见油漆彩画修缮部分。

此外，内蒙古地区可见大量的土遗址，例如托县土城遗址、和林格尔土城遗址、盛乐古城遗址，还有为数可观的长城遗址，很多也以夯土筑成（图 2-2-11）。土遗址的病害多为虫害、蚁害和雨水侵蚀导致的风化酥碱。因材料构造特殊，保护修复难度很大，经常需要依赖实验检验数据分析来谨慎确定具体的保护方案，方案制订不合理则容易造成二次破坏。

修缮时需要深入分析遗址各层次结构和成分，分析研究原夯层的厚度、夯窝的尺寸，实验分析夯土掺和材料的比例及夯筑方法，然后按照原做法复制。

(a)　　　　　　　　　(b)　　　　　　　　　(c)

图 2-2-11　内蒙古土遗址②

(a) 呼和浩特托克托县土城遗址；(b) 盛乐古城遗址残迹；(c) 包头战国赵北长城遗址

---

① 图片来源：农业教育声像出版社《古建筑墙体修缮（视频）资料》。
② 图片来源：(a) 作者自摄；(b) 作者自摄；(c) https://zhuanlan.zhihu.com/p/109072610。

4. 外熟内生墙体的修缮

外熟内生墙体的不同材料按照前述砖墙和土墙的修缮方法分别处理。内外结构脱离不严重的，可根据剥离面积设置数个铁锚构件加固，铁锚件里端一般尽可能固定于墙内木柱上，若无法固定于墙内木柱上，也可在外皮砖墙对应位置剔除几块砖，将铁锚件预埋插入墙身，再补砌砖块（图2-2-12）。内外结构脱离较严重，内部土墙空鼓脱离、坍塌严重的，则直接将内部土墙按原样拆除重砌，内外皮之间灌浆处理。

图2-2-12 砖墙裂缝修缮加固措施①

（四）屋顶修缮

1. 屋顶病害类型

屋顶是古代木结构建筑的重要维护结构，也是保养修缮比例最大的部位。保证屋顶不漏雨，能够大大延长木构建筑的使用寿命。传统营造法式中，屋面从木基层以上的构造层次自下而上依次为护板灰—滑秸泥背1~2层（宫殿建筑用麻刀泥背3层以上）—月白灰背（青灰背）—瓦瓦泥—瓦面（图2-2-13）。

内蒙古地区乡土建筑屋顶也有椽子上不做望板，铺以席箔、苇箔，其上直接做滑秸泥背再挂瓦的做法。内蒙古地区传统建筑多见单坡屋顶，在当地也称"一出水"，讲究一点的合院一般正殿为双坡屋顶（多见硬山），耳房、厢房、倒座房都采用单坡屋顶。做法一般为比较讲究的筒板瓦屋面，例如甲栏板镇圆通寺建筑群、萨拉齐关帝庙建筑群、包头沙尔沁财神庙等（图2-2-14）。也有一些乡土民居的单坡屋顶只做泥背，上覆卷材防水或铺红色机制瓦，例如草原英雄小姐妹旧居。此外，清代藏传佛教盛行，内蒙古地区遗留有很多藏传佛教建筑，例如阿拉善巴丹吉林庙、乌兰察布市四子王旗王爷府等（图2-2-15），这些佛寺的平台屋顶经常在椽板之上铺树皮、树叶，其上覆阿嘎土压实，再以灰泥抹面。

---

① 图片来源：作者自摄（磴口县巴彦高勒镇三盛公天主教堂修缮工程）。

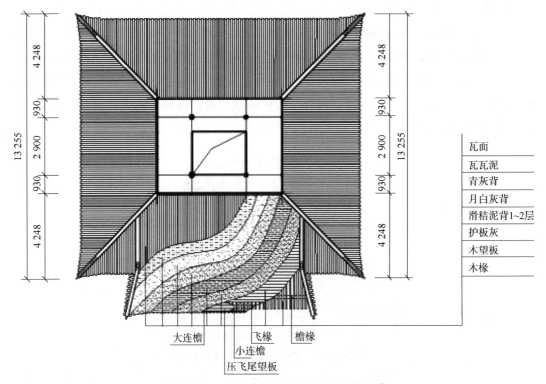

图 2-2-13 乌审旗德格都苏摩殿屋面构造①

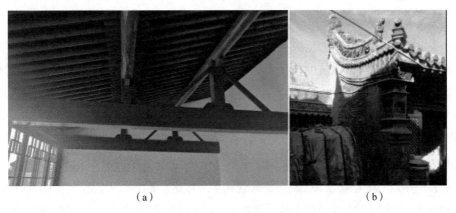

图 2-2-14 单坡屋顶②
(a) 甲栏板圆通寺西厢房室内梁架；(b) 包头沙尔沁财神庙东厢房

屋面无论形式构造如何，最常见的问题是漏雨，原因大致有三种：第一种是瓦垄接缝因年久脱灰、积土，生草或小树，草根、树根穿破苫背而导致漏雨；第二种是瓦件质量

---

① 图片来源：乌审旗德格都苏摩殿修缮设计图纸。
② 图片来源：作者自摄。

图 2-2-15　平屋顶①

差、挂瓦不严密、泥背层不密实导致的雨水渗透；第三种是因地震等自然灾害或地基梁架结构下沉、歪闪，连带瓦顶出现裂缝而导致漏雨。其中第一种最为普遍，也是日常维护的必要性所在。

屋顶日常病害主要是瓦垄、瓦缝的勾灰年久风化、自然脱落和瓦顶所生草木根系破坏瓦面、泥背等（表2-2-7）。勾缝灰的脱落同时也会导致瓦件松动、断裂和脱落，尤其表现在檐口和屋脊部位，檐口屋脊漏雨也会直接导致木构架受潮、椽头糟朽和墙体受潮坍塌。自然灾害、基础下沉或木构架歪闪引起的屋顶损坏往往比较严重，会导致屋面泥背开裂，大面积瓦件损坏、溜坡、脱落。伴随着木构架的落架大修，屋顶也常常需要全部揭起重铺。

表 2-2-7　屋面病害类型②

序号	病害部位	现象	成因	图片示意
1	泥背	（1）草木根系穿透泥背； （2）泥背风化、开裂	（1）灰缝、瓦件脱落漏雨； （2）草木根系破坏； （3）自然灾害、基础沉降； （4）木架歪闪	

---

① 图片来源：作者自摄（乌兰察布四子王旗王爷府）。
② 图片来源：作者自摄（萨拉齐关帝庙建筑群）。

续表

序号	病害部位	现象	成因	图片示意
2	瓦面	(1) 勾缝灰脱落； (2) 瓦顶生草木； (3) 瓦垄溜坡走形； (4) 瓦件损坏或缺失	(1) 年久灰缝自然脱落； (2) 瓦件质量问题； (3) 施工不严密； (4) 自然灾害； (5) 基础沉降、木架歪闪	
3	屋脊	(1) 脊件损坏或缺失； (2) 屋脊全部损坏	(1) 年久灰缝自然脱落； (2) 瓦件质量问题； (3) 施工不严密	
4	檐口	(1) 勾头、滴水瓦损坏或缺失； (2) 檐口曲线高低不平	(1) 年久灰缝自然脱落； (2) 瓦件质量问题； (3) 施工维护不当	

2. 屋顶的日常保养

屋顶保养工作主要是为了防止屋面漏雨。日常需要做的有瓦顶除草、清扫和勾缝抹灰。

除草的方法有人工拔除和化学除草两种。人工拔除宜选在春天，一定要连根拔除才能有效，若秋季动工拔草，一定要在初秋草籽成熟之前拔除。人工拔除的弊端在于根部容易去除不干净，来年反而生长更盛，所以实际操作时，不可能一次做到干净彻底，需要连续两三年反复进行才能达到好的效果。化学除草应选用对人畜无污染、无毒害，对古建筑质地无污染、伤损和腐蚀的药剂。目前化学除草多用于农林业，在古建筑屋顶上的应用尚在试验阶段，对瓦件的腐蚀情况还需要长期监测。

内蒙古是多风地区，筒瓦屋面的瓦垄和天沟遇风易积存尘土、草籽、树叶等杂物，阻碍屋面排水。屋顶保养要求每年初春至少要清扫一次，清理杂物的同时，也便于检查瓦面和天沟排水是否通畅、瓦顶有无损坏。

瓦顶拔除杂草会对瓦垄的勾缝造成不同程度的损坏，需要清扫瓦垄、用灰勾抹缝隙，勾灰材料及配比如表 2-2-8 所示。此外，勾灰技巧对于防止屋顶漏雨也非常重要：第一，筒瓦之间的捉节灰浆应尽可能嵌入，与瓦面齐平；第二，夹垄时应注意不要突出瓦边，以稍微凹入为宜；第三，底瓦瓦脸勾灰不能出现空隙，应与上层底瓦边缘平齐（图 2-2-16）。

表 2-2-8　瓦顶勾灰配比表

序号	瓦顶种类	用料	重量配比
1	黄色琉璃瓦	红白麻刀灰	白灰 : 红土 : 麻刀 = 100 : 20 : 4
2	绿色、蓝色、黑色琉璃瓦	青白麻刀灰	白灰 : 青灰 : 麻刀 = 100 : 8 : 4
3	布瓦	青白麻刀灰	白灰 : 青灰 : 麻刀 = 100 : 8 : 4

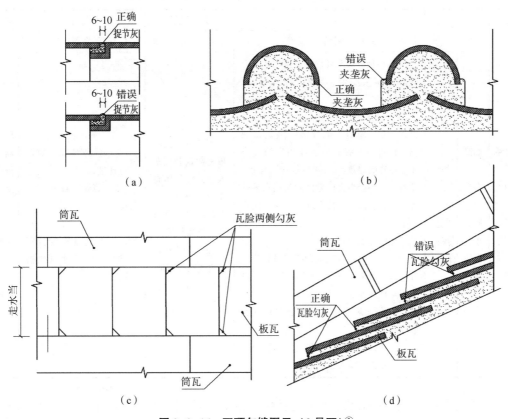

图 2-2-16　瓦顶勾缝图示（3号瓦）①
（a）筒瓦捉节灰；（b）夹垄灰；（c）底瓦瓦脸勾灰—平面；（d）底瓦瓦脸勾灰—剖面

3. 瓦屋面修缮

瓦顶损坏严重时，需要局部或全部揭除重铺。若木架损坏严重，落架大修时也需要揭除瓦顶重新铺砌。屋面揭顶重铺的基本步骤是：瓦顶揭除—瓦件清理检查—苫背—宽瓦。

（1）瓦顶揭除。

瓦顶揭除时应尽可能保留原有瓦片，全部揭除的步骤是：现状记录—瓦件编号—拆除瓦件。

现状记录，主要记录现存瓦顶的形制（硬山、悬山等）、工程做法（筒瓦、合瓦等）、材料质地（琉璃瓦、布瓦等）、屋顶尺寸、瓦件的数量、残毁情况、法式（后代陆续修缮遗留的不同材料规格和做法痕迹）等内容（表 2-2-9），并且一般要辅以照片或图纸进行标注。

---

① 图片来源：作者自绘。

表 2-2-9　瓦顶揭除现状记录表（以筒瓦屋面为例）

屋顶形制	工程做法	材料质地	屋顶尺寸					瓦件数量			残毁情况					形制法式
			屋顶	屋脊	翼角	瓦垄	瓦件	筒瓦	板瓦	脊瓦	筒瓦	板瓦	脊兽	沟头	滴子	
如硬山、悬山、歇山、庑殿、卷棚、攒尖等	如筒瓦、合瓦等，大式、小式做法等	如琉璃瓦、琉璃剪边、布瓦等	(1) 屋顶以檐头外皮计长宽尺寸，以檐口底瓦顶皮至正脊当沟底端计算高度； (2) 正脊高度为当沟底至眉子或扣脊筒瓦上皮，垂脊、戗脊等一般记录斜高，自斜当沟底至眉子或扣脊筒瓦上皮；屋脊的厚度为两侧最外端总厚度；正脊长度一般为去掉脊兽的两端水平长度，垂脊、戗脊的长度以弯垂麻绳测量记录其曲线长度，注意兽前兽后的形制和尺寸要分别记录； (3) 歇山和庑殿的翼角要记录起翘尺寸（垂直高度）和向外平出尺寸（自檐檩至檐头外皮）； (4) 每面坡完整瓦垄的曲线长度和囊度； (5) 明确瓦号，分别记录筒、板、脊、兽瓦件、勾头、滴水瓦尺寸					(1) 每面坡完整瓦垄的筒瓦、板瓦数量和瓦垄数量，整装屋脊要记录脊件的类型和数量、脊兽的种类和数量； (2) 如为琉璃剪边或花心瓦顶，应记明其部位、数量、颜色；			(1) 残毁情况一般以百分比估计； (2) 筒瓦、板瓦应分类记录； (3) 勾头、滴水、脊件、吻兽数量较少且损坏频繁，应单独以残损件数记录					后代陆续修缮遗留的不同材料规格和做法痕迹

记录完成后，对于特殊瓦件，如雕花脊筒、正吻、小兽等，拆卸前要进行编号，绘出编号位置图。编号应当依照一定顺序，一般习惯从西北角开始，逆时针旋转编号（图 2-2-17）。对于数量较多的勾头、滴水、筒板瓦、扣脊筒瓦或无雕刻的脊筒，则一般不需要编号。

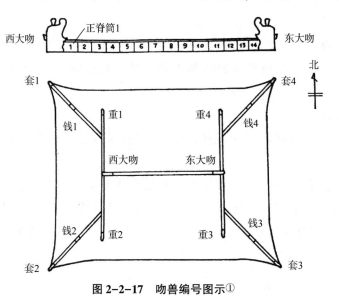

图 2-2-17　吻兽编号图示①

---

① 图片来源：祁英涛著《中国古代建筑的保护与维修》。

拆除瓦件时，一般要先从檐头开始，拆除勾头、滴水、钉帽等，然后再拆除坡面瓦。坡面揭除也要讲究一定的顺序，自一端开始或由中间向两边分揭，一垄筒瓦、一垄板瓦依次揭除［图2-2-18（a）］。坡面揭完后，再依次拆卸小兽、戗脊、垂兽、垂脊、正脊，最后拆卸正吻。拆卸的瓦件应一边拆一边及时运至地面，分类码放于安全的场地，常见的运送办法是以两根长木料并排搭设轨道，将瓦件逐块下滑，地面专人负责接瓦［图2-2-18（b）］。

瓦顶拆除后还要铲除苫背层。苫背铲除前也应当记录苫背的分层构造做法及厚度，临近木基层时要小心铲除，以免损伤望板和木结构［图2-2-18（c）］。拆除屋顶的过程中，应随时进行拍摄和记录工作，以作为后续做法研究和重新铺设的参考。

（a）　　　　　　　　（b）　　　　　　　　（c）

图2-2-18　瓦顶揭除施工现场①

（a）瓦顶揭除；（b）瓦件搬运；（c）泥背清理

（2）瓦件清理检查与筛选。

瓦件拆下重新安装前，首先要对其进行清理，用小铲去除瓦件上的灰迹，用麻布擦抹干净。清理的同时要对瓦件进行检查和筛选，筛选的依据是瓦件的形制和残损程度。瓦顶经历代重修，瓦件规格大小不一，需要以瓦件的新旧或占绝大多数的规格，分析推测其原来的形制。比如绝大多数的筒瓦尺寸约为19厘米×11厘米，板瓦尺寸约为18厘米×18厘米，则瓦顶原规制瓦号可能为2号瓦，那么损坏严重、不能使用的瓦件应当以2号新瓦进行替换。当然，绝大多数并不代表原制。瓦顶历代重修过程中也不乏全部揭顶重铺的情况，瓦件的新旧也并非简单观察就能确定，严格来说需要实验甄别。即便有个别瓦件年代较早，是否应以最早的形制恢复瓦顶也有待进一步研究和商榷。对于其他少数规格的瓦件，也并非弃之不用，一般认为只要坚固，就应当继续使用。残损的瓦件，按完整程度，分为可用、可修补和更换三种情况，甄别去留标准如表2-2-10所示。瓦件检查筛选后，应制表详细记录，注明形制规格尺寸，应有数量、完整可用、需要修补和更换的瓦件数量（表2-2-11）。

---

① 图片来源：作者自摄（五原县兴隆昌万字会堂修缮工程）。

表 2-2-10　旧瓦件保留、修补和更换标准

构件名称	可用标准	修补标准	更换标准
筒瓦	布瓦四角完整或残缺部分在瓦高 1/3 以下（琉璃瓦在 1/2 以下）	断裂为二段槎口、能对齐	其他残碎情况
板瓦	缺角不超过瓦宽 1/6，后尾残长 2/3 以上	断裂为二段槎口、能对齐	其他残碎情况
勾头、滴水	下端花纹残缺但轮廓完整，其余标准同筒板瓦	标准同筒板瓦	下端花纹轮廓残缺或色釉全脱的，以及其他残碎情况
脊筒子	无雕饰的残长 1/2 以上，有雕饰的仅雕饰部分残缺	断裂为二段槎口、能对齐	其他残碎情况
吻、兽	残缺的应尽量粘补使用，缺少的残存旧件应尽可能粘补完整，避免重配，箭靶、兽角等缺失部分一般需重新烧配		碎裂缺失太多、无法复原的，参考同类构件重新烧制安装

表 2-2-11　瓦件检查表①

构件名称	构件尺寸/厘米			应有数量	现存数量				备注
	长	宽	高		完整可用	修补	更换	小计	
筒瓦	（列举）33	16	8	1500	1200	200	100		
板瓦									
勾头瓦									
滴水瓦									

（3）苫背。

挂瓦前需要按照原分层构造做法及厚度苫背，苫背的目的是防水和保温。内蒙古地区气候干冷，苫背层普遍比较厚，一般自下而上依次为护板灰、泥背、月白灰背（青灰背）。

护板灰的作用是防水，只做一层，厚度 1~2 厘米，材料配比为灰∶麻刀=100∶2。苫抹护板灰时应先将望板表面刷湿，沿坡面自上而下随刷随抹，抹时应较用力，不求平整，力求与模板结合牢固。为了使护板灰与上层泥背结合紧密，护板灰苫抹时不轧平轧光，并且要在护板灰稀软未干时就开始苫抹上层泥背。另外，内蒙古地区乡镇民居中常见一种做法，就是在建筑屋顶椽子之上不做望板，而以柴栈密铺，柴栈之上抹掺灰泥（白灰∶黄

---

① 表格来源：祁英涛著《中国古代建筑的保护与维修》。

土＝1：4），称为"压栈泥"，压栈泥内不掺麻，防水效果不好。护板灰和压栈泥对于木架的保护具有重要作用，由于处于隐蔽部分，现在修缮中也允许采用新的防水材料替代。常见做法是在望板上刷冷底子油一道，然后铺二毡三油防水层，或在望板上刷一道沥青膏再抹护板灰。卷材防水效果好，但是二三十年就会老化，即便是目前新的复合卷材，耐久年限也不会超过50年。现代还有涂膜等防水做法，选用哪种要视耐久年限要求、材料对文物本体的干扰程度等实际情况而定。

泥背一般采用滑秸泥，主要作用是保温。内蒙古地区多见的泥背做法是泥内掺麦草、麦壳、秸秆等，每100千克白灰掺秸秆或草10~20千克。泥背苫背时应自上而下，压抹平光，一般做2~3层，每层厚度因屋面囊度要求不完全一致，檐头较薄，上下椽相交处较厚，屋脊处最厚，传统做法的厚度约20厘米，有些甚至达到30厘米以上，最厚处不超过50厘米。当今修缮时，为减轻木构架荷载，常采用以下三种办法：第一种是中腰节附近以板瓦反扣于护板灰上（称垫囊瓦），屋脊处也以瓦片垫高，减轻屋面重量；第二种是材料和构造维持原状，将每层厚度减薄至1/4；第三种是厚度不变，将黄土以焦渣替代（体积比为白灰：焦渣＝1：3），同体积焦渣的重量比黄土要轻约1/3。焦渣苫背时，需要将焦渣和白灰粉混合后，淋水焖透5~10天，虚铺10厘米，用木拍子拍打出浆，拍实后约8厘米。此外，若文物建筑正脊两端也有生起，苫背时正脊两端也需要按原样垫厚。

青灰背起连接和防水作用，一般只做一层，厚1~2厘米，材料配比和做法与护板灰相同。但须反复刷青浆和轧背，并在刷浆和轧背的同时散铺麻刀或搭麻辫，目的是加强泥背与宽瓦灰泥的连接，防止瓦面溜坡。

（4）宽瓦。

宽瓦应当依据设计图纸和拆除记录等资料，按原样进行。重铺瓦面的传统做法步骤如下：分中号垄—冲垄定囊相①—宽瓦。

分中号垄是瓦垄的平面定位工作。先在檐头找出整个房屋的横向中点并做出标记，以此作为屋顶中间一趟底瓦②的中点。硬山建筑从两山博缝外皮往里返大约2个瓦口的宽度为两垄边垄底瓦的位置，歇山建筑从两端博缝外皮往里返2个瓦口的宽度为两边底瓦的位置，庑殿建筑在四坡交会点顺屋脊方向往里返2个瓦口的宽度为两垄底瓦的位置，然后在坐中位置和两边底瓦之间赶排瓦口（图2-2-19）。瓦口间距以走水当略大于1/2底瓦宽度为宜，例如2号筒瓦屋面，底瓦宽度18厘米，若走水当预留10厘米，盖瓦一边覆盖4厘米，则底瓦间距（蛐蜒档）应当在3厘米左右。

---

① 瓦垄的坡面曲线形状。
② "底瓦坐中"是明清官式建筑做法中的重要法式，早期有筒瓦坐中做法，后来极少使用。个别建筑因风水原因或琉璃聚锦屋面图案对称要求而采用筒瓦坐中。修缮要遵循原有法式。

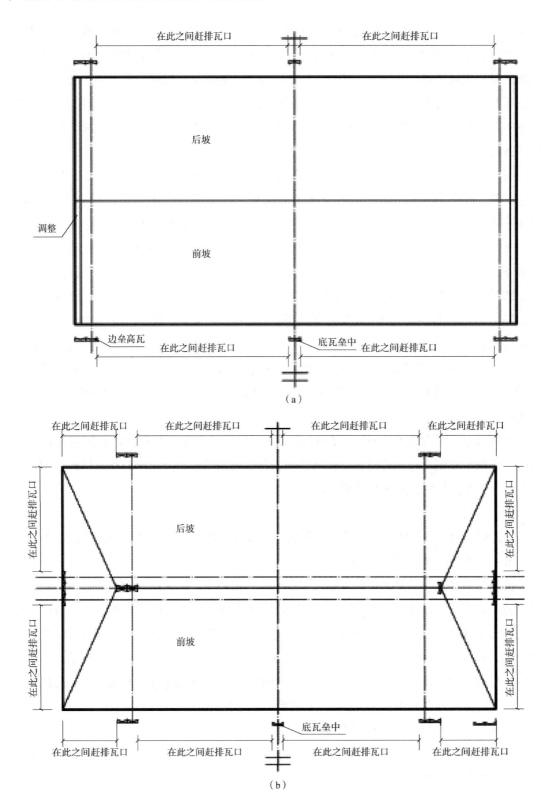

图 2-2-19　屋面分中号垄

（a）硬山、悬山屋面分中号垄；（b）庑殿屋面分中号垄；

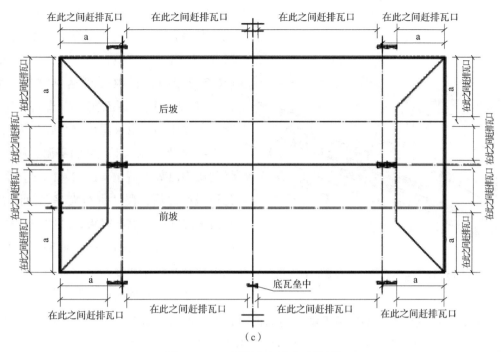

图 2-2-19 屋面分中号垄（续）①

（c）歇山屋面分中号垄

冲垄定囊相是瓦垄的竖向定位工作，目的是确定瓦面的高度和曲面形状。首先要在各个坡面的两端边垄位置拴线，各宽两趟底瓦和一趟盖瓦，硬山、悬山、歇山要同时宽好排山沟滴。宽瓦时要随时注意瓦垄的囊相，主要依据苫背的囊相，再根据排水和美观的要求适当调整。《周礼·考工记》有记载："上尊而宇卑，则吐水疾而霤远。"意思是屋面上部坡度较陡，越靠下坡度越缓，这样的屋面曲线样式最利于排水。冲好边垄后，依据边垄筒瓦的顶皮，拴好齐头线、腰线和檐口线（图 2-2-20），以此为标准将屋面中间的三趟底瓦和两趟盖瓦冲好。

做好平面和竖向定位之后，就可以进行其他部位的宽瓦了。宽瓦一定要按照前面确定的囊度标准，

图 2-2-20 齐头线、腰线檐口线图示②

---

① 图片来源：作者自绘。
② 图片来源：农业教育声像出版社《古建筑屋面修缮（视频）资料》。

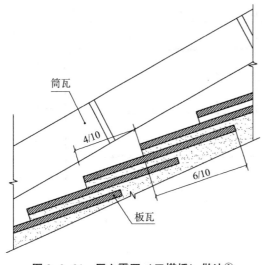

图 2-2-21 压六露四（三搭桥）做法①

先宽檐口、勾头、滴水，再由下而上宽底瓦，两垄底瓦由下而上宽盖瓦。底瓦摆放时窄头朝下，要讲究"压六露四"（图 2-2-21），脊根处可达到"压七露三"，檐头三块"压五露五"即可。宽瓦时，瓦件底部需用灰泥垫牢，底瓦垫泥厚度 4~5 厘米，盖瓦下须塞满灰泥，灰泥重量配比为白灰∶黄土＝1∶2~1∶3。全部瓦顶做好之后，要"捉节夹垄"，即用灰将筒瓦之间的缝隙和筒板瓦之间的空档勾抹严实，灰料配比和勾抹注意事项参考前述屋顶日常保养部分。

瓦顶如果局部漏雨，能勾抹就尽量不揭宽，能局部揭宽就不全部揭顶重铺。局部揭宽的步骤大致与全部揭宽类似，小面积揭除一般只需记录瓦件的种类和数量，检查筛选有多少能用、有多少需要更换。泥背部分若受潮酥碱严重，一般需要在周围多揭几垄瓦，将泥背潮碱洇湿痕迹全部露出。观察泥背酥碱情况，将全部酥碱部分去除，周围未酥碱但有受潮痕迹的部位也要去除一部分，以便局部苫背时能更好衔接。局部苫背与周边较完好的泥背层接槎处要留踏步槎，接口部位要打拐眼（图 2-2-22）。局部宽瓦一般不需要分中号垄和赶排瓦口，仅依据现存瓦垄的位置和囊度拴线宽瓦。

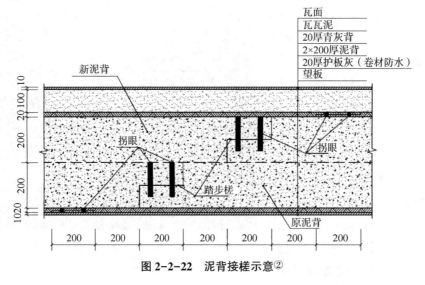

图 2-2-22 泥背接槎示意②

---

① 图片来源：作者自绘。
② 图片来源：作者自绘。

4. 平顶屋面及天沟的修缮

古代建筑的平顶屋面大多数是可以上人的。一般构造是在望板上苫背，构造层次同坡屋面，然后表面墁砖。平屋顶最常见的病害是面砖碎裂、苫背层积水导致的漏雨，也有找坡不当、排水不畅导致的积水渗漏情况。局部漏雨，可揭除面砖修补苫背层，苫背大面积酥碱或木架落架大修时，应当重做平顶屋面。

平屋顶苫背的材料、构造和工艺做法与坡屋面苫背相同。但需要注意的是，平屋顶要依据排水口位置做好有组织排水设计［图2-2-23（a）］，排水坡度为1%～2%，在屋面与女儿墙或排水沟接缝的位置，应当将护板灰、防水卷材、青灰背等嵌入女儿墙内一段，或以二毡三油做女儿墙泛水［图2-2-23（b）］。内蒙古地区古建筑平屋顶情况多见于藏传佛教建筑中，藏式建筑平屋顶按照传统做法应采用阿嘎土做泥背，首先将砾砂、黄土、石灰等原材料按一定比例混合，分层边浇水边进行夯打，直至表面平整与光洁，再涂抹天然胶类及油脂增加表层的抗水性能，现代修缮也有在表面做水泥砂浆抹面或方砖铺墁的。方砖铺墁方法见地面修缮部分，墁好砖面后需用生桐油涂刷两遍，提高防水性能。

天沟漏雨时应将松动的灰背扫除干净，按原做法补抹光整，面层多用青白麻刀灰（比例同布瓦顶勾灰）。裂缝较大时，将裂口酥碱处剔凿成"V"形，用水淋湿后，补抹青白麻刀灰（比例同上），赶压2～3遍，使其坚实光整。细微裂缝可用乳化沥青玻璃毡片粘补。天沟损坏、漏雨严重的情况下，需要连同泥背揭起重做，表面不墁砖，抹青灰背。由于天沟部位较隐蔽，也可在苫背层上加铺二毡三油防水层，防水层边缘应铺至周围瓦垄之下，因此常常需要将天沟周围的瓦垄揭起重宽。

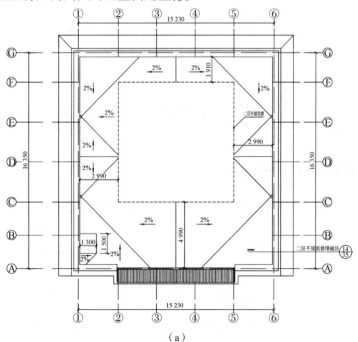

图2-2-23 巴丹吉林庙二层平屋面排水设计

（a）平屋面有组织排水

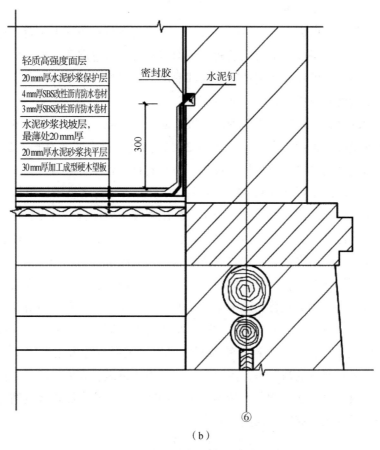

(b)

图 2-2-23　巴丹吉林庙二层平屋面排水设计（续）①

(b) 女儿墙泛水

第三节　修缮保护技术策略

一、文物修缮调研报告编制

调研即调查和研究，调研的核心是实事求是地反映和分析客观事实。对于古迹遗址而言，调查是依据，一定要深入实际、现场踏勘，通过尽可能有效的手段，最为准确地反映客观存在和对象的本来面目；研究是目标，在掌握调查数据的基础上，认真分析，客观透彻地揭示对象的本质特征和残损情况。勘察调研是古迹遗址修缮和保护的根本环节，调研的数据和分析资料将成为古迹遗址保护、修缮设计和施工的直接依据。

调研报告是整个调查工作，包括计划、实施、收集、整理、分析等一系列过程的总

---

① 图片来源：作者自绘。

结,是修缮工程项目实施所需的最重要的书面结果之一。它是专业的勘察设计人员与文物保护主管部门、设计单位、施工单位的一种书面沟通、交流形式,其目的是将调查数据、结果、战略性的建议等传递给管理审核人员、施工人员、监理人员等,从而保证项目的顺利实施。因此,准确分析调研结果、明确给出调研结论,是撰写调研报告的核心所在。

(一)文物修缮调研报告的内容

一般文物修缮调研报告的撰写内容包括主题、目录框架、概要和主体部分。

1. 题页(封面)

题页主要点明调研的主题。一般文物修缮勘察调研报告单独成册提交汇报时,题页包括调研题目(项目名称)、委托单位名称、勘察设计单位名称和报告日期等内容。文物修缮勘察报告和修缮设计文本图纸一起装订成册提交汇报时,封面一般写明项目名称、设计单位和日期等内容,在扉页详细注明委托单位、设计单位、法人代表、项目负责人、项目主持人、项目文本编制人员,还要附上设计单位的资质证书。(图2-3-1)

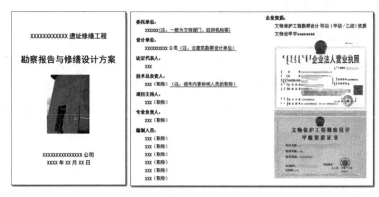

图2-3-1 文物修缮勘察调研报告及修缮设计方案封面题页范例①

2. 目录

目录主要罗列报告的正文框架,一般包括两级框架,更为细致的内容则不在目录中体现。

3. 概要

概要相当于文章和书籍的摘要,是对报告主要内容的概述。要能够使阅读者通过概要大致了解调查的结果和建议。包括必要的背景资料、文物本体信息、重要发现、结论和合理化建议。大多数情况下,文物修缮调研报告都是与修缮设计文本合为总本的,设计文本编制说明中一般会融入调研结果的概要。

4. 主体部分

主体部分要详细说明整个文物建筑调研的成果,包括文物本体现状(调)和专项评估

---

① 图片来源:乌兰察布市集宁战役革命大楼遗址修缮工程勘察设计方案。

（研）两大块内容。现状包括文物本体所在地的地理气候概况、历史沿革、历次维修保护情况、"四有"资料等背景信息，还包括文物本体的基本信息（材料、类型、形制、年代）和残损情况及原因，最后一般还要附上现状勘察图纸。专项评估包括文物本体的价值评估（历史价值、科学价值、社会文化价值、艺术价值）、结构安全评估、技术难点分析、消防安全评估等（图2-3-2）。

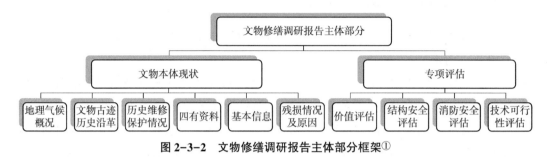

图 2-3-2　文物修缮调研报告主体部分框架①

（二）文物修缮调研报告的编制程序及要点

文物建筑调查和研究是一个科学严谨的过程，一般通过实地勘测、访谈、查阅地方资料和文献等多种方式来实现，必要的时候还应咨询专家、组织专项会议，来分析文物本体的真实状况。调研报告的编制要用最准确、恰当的语句作出描述，内容要客观，结构要严谨，推理要有一定的逻辑性。另外，原则上，调研报告还要说明调研过程中存在的不足，分析不足之处对准确性的影响，以提高调研活动的科学性和可信度。

调研报告的编制按照程序要注意以下几点。

1. 确定主题

文物修缮项目的调研主题一般就是工程项目的名称，项目名称一般涵盖项目所在地点、文物古迹名称和工程类型，即"××省××市××县×××建筑×××工程调研（勘察）报告及修缮设计方案"。这在文物修缮调研报告中几乎是定式。项目所在地和文物古迹名称是既定的，重要的是通过调研的数据资料、文物本体的实际状况、专家意见以及相关文物部门的要求来确定文物修缮工程的类型（参考本章第一节内容）。

2. 资料甄别与取舍

编制调研报告是一个资料搜集与整理的过程。古迹遗址修缮调研属于专项调研，主要涉及古迹遗址的背景资料和现状勘测资料，目的是以这些资料为基础，分析文物本体残损情况并进行价值评估。背景资料的获得一般通过文献查阅、网络搜索和"四有"资料佐证；现状勘测资料则通过现场踏勘获取，一般要将文物本体的内外情况，特别是残损部位的详细情况，用笔记、拍照和测量的方式详细记录下来。如何在这些资源中获取有用和关键的信息是调研报告撰写过程中的重要环节。在组织调研报告时需要注意：选取与主题有

---

① 图片来源：作者自绘。

关的、核心的材料，去除无关的、次要的、非本质的材料，使主题集中、观点鲜明、问题突出；要注意材料信息之间的关联，聚焦调研结果的核心支撑材料和根源性的依据材料，充分挖掘与文物本体现状和改变历程直接相关的内容；要比较、鉴别、精选材料，甄别材料的可信度和关联性，选择最接近真实状况的材料。

3. 拟定提纲

提纲是文物修缮调研报告构思中的关键环节，其拟定过程就是将调研材料进一步分类、整理、构架的过程。提纲是文章的"骨架"，要围绕主题，层层递进、环环相扣，要特别注意条理性和逻辑性，纲目分明、层次分明。文物修缮调研的核心在于文物本体的现状和修缮依据的前期论证。提纲的拟定应当遵循由全局到局部、由整体到细部、由大到小、由面到点的原则。具体来说就是要先说明文物古迹的背景资料（所在位置、自然环境、文化环境、历史沿革），然后具体到文物本体的状况，以专业角度阐明文物本体的基本信息，对其价值进行初步评估，最后针对文物本体的残损情况和原因做出专业分析和判定，给出可行的技术措施建议。

4. 起草报告

即行文阶段。要根据已经确定的主题、选好的资料和提纲，有层次地填写内容。撰写过程要注意：结构和格式要合理（标题、扉页、导语、摘要、正文、结语），文字措辞规范，标题简练清晰，通俗易懂；数字、图表、专业名词术语的使用要准确；要善于总结，语言准确、鲜明、生动、朴实，切忌长篇大论。

（三）主体正文内容编制说明

1. 地理气候概况

一个地区的地理气候是一个很复杂的系统，我们需要从中提炼出与文物修缮和保护相关的内容。比如，所在地区的地质情况直接影响文物本体的基础沉降，地震多发地的文物建筑结构会有安全隐患，降雨情况决定文物本体的受潮、冲蚀等状况，干旱地区木建筑容易开裂。这些情况都是需要重点说明的。另外，地理气候资料的整理还应当注意文物古迹的类型，比如，土石遗址容易受雨水冲蚀、风化和虫害蚁害，木建筑结构容易受潮糟朽而失去承重作用，壁画受潮容易开裂剥落，盐碱地区的建筑基础和墙体则容易受潮碱侵蚀。

2. 历史沿革

梳理文物古迹的历史沿革一般需要立足地区大的文化背景，具体来说，这部分要阐明的是与文物古迹相关的地区历史文化环境，文物古迹的始建年代、建造目的，历代的文化和功能更迭情况，经历过的主要历史事件等。这部分的完成需要查阅大量的文献资料，资料越全面、越详尽，越能有效、客观地评估其文化价值，修缮设计依据也越充分。

3. 历史维修保护情况

文物古迹的历史维修保护情况包括大规模、有组织的政府保护维修和使用者或所有者的自发维护修缮，一般通过资料调研和现场考查的方式获得。重要的文物古迹一般在当地博物馆、档案馆、图书馆中有备案和相关资料，可以直接查阅，文物保护单位的历次修缮材料有的直接镌刻于文保碑上。新发掘的或小规模的文物古迹则一般通过发掘刻铸体（如甲骨、礼器、金石、碑刻等）和书写兼印（如简牍、缣帛、羊皮、莎草纸等）等方式获取历史维修保护资料（图 2-3-3）。除此之外，文物古迹现场考查过程中，也会在部分建筑构件上找到历史维修的线索，有的直接写明维修日期和工匠姓名，有的则可通过文物建筑构件的捐献数目和姓名记录，大致推测维修或重建的时间，例如呼和浩特甲栏板村圆通寺正殿脊檩随檩枋书有"大庆乾隆十九年四月十九日扶梁功德主祁邑董姓……施银五两"等字样（图 2-3-4），当然这种情况多见于寺庙神祠中。大部分古迹遗址的历史维修资料比较少，这就要求勘察设计人员在资料搜集和现场勘察过程中一定要认真细致，不能有遗漏，以保证调研的准确性和后续设计工作的客观性。

图 2-3-3 文物古迹碑刻资料①

图 2-3-4 甲栏板村圆通寺正殿脊檩随檩枋②

---

① 图片来源：作者自摄。
② 图片来源：作者自摄。

4. "四有"资料

"四有"针对的是文物保护单位，指有保护范围、有标志说明、有记录档案、有专门机构或者指定专人负责管理。"四有"资料是一套科学、准确、翔实的专业资料，包括保护管理工作、科学资料、行政管理文件及日常工作情况、其他可供参考的资料等，一般是文字照片、图纸测绘、电子记录相结合的形式，是对文物保护单位文物价值的全面评估，也是进行科学研究与保护的基础资料。这些资料备案一般在文物保护主管部门，由委托单位负责提供。

5. 现状基本信息

古迹遗址的现状基本信息包括始建或重建年代、类型、功能、材料、形制、结构构造、维修痕迹、保护加固措施、周边环境状况等。

古迹遗址的类型有古文化遗址、古墓葬、古建筑、石窟寺、石刻、近现代史迹及代表性建筑、历史文化名城名镇名村等。不同类型的古迹遗址具有不同的材料、形制、结构、构造特征，比如古建筑有木、砖、石、竹等材料结构；石窟寺有塔院式、佛殿式、僧院式三种形制；古墓葬有石制的梁板结构，也有砖砌券拱结构。

功能信息除了当前文物古迹的使用情况，还要注意其历朝历代的功能迭代情况。

古迹遗址从材料形态上可分为土遗址、木结构文物、砖石结构文物、壁画等，材料不同，则结构构造方式不同，残损情况和原因也不同。比如土遗址最易受雨水冲刷坍塌，因此保存至今的少之又少；木结构易受潮、易遭虫害、不防火，因此明清故宫数次被大火烧毁。

形制是古迹遗址所表现出来的形状和构造定式，一般也与建筑类型直接相关，比如古代木构建筑的形制一般指的是屋面的形制（庑殿、歇山、悬山、硬山、攒尖、卷棚等）、台基形制（普通台基、须弥座台基、复合台基等）、面阔和进深间数、门窗形制也是基本信息中必须表达清楚的。

结构构造需要按照当前的实际情况加以描述，是抬梁式、穿斗式还是近现代的钢筋混凝土梁板结构，大式还是小式，有无斗拱，梁架构造方式和类型，特别是具有标志性年代特征的结构构造，都要详细说明。

维修痕迹是指文物本体有明显可识别标志的维修记录。《中国文物古迹保护准则》中要求，文物古迹的维修要具有可识别性。比如柱子墩接、梁枋劈裂经常需要采用铁箍，榫卯走闪经常需要加铁耙锔，这些构件一般要求不做修饰处理，直观地向参观者呈现维修状况。另外，历次维修过程中构件上的文字记载和编号也要特别加以说明。还有一些临时加固措施，例如大梁折断弯垂时的临时支柱（图2-3-5）、梁架整体歪闪时的支顶戗柱等。

6. 残损情况及原因

文物古迹残损情况及原因是文物修缮调研的直接成果之一。要对现场勘察的照片、测

图 2-3-5　龙梅玉荣旧居室内临时支顶柱子

绘数据资料加以归类分析，对文物古迹不同部位的残损情况进行统计，按照构造部位加以分类总结（图 2-3-6），在文字叙述后一般还要以列表方式注明，即修缮项目常见的残损表，以便更为直观地向审阅者呈现文物古迹的残损情况、残损（变形）量和主要残损原因，为后续有针对性的修缮设计和施工技术方案提供直接依据。

图 2-3-6　乌兰察布市集宁战役革命遗址大楼残损部位

7. 专项评估

专项评估包括文物本体的价值评估（历史价值、科学价值、文化价值、艺术价值、社会价值）、结构安全评估、技术难点分析、消防安全评估等。结构安全评估和消防安全评估一般需要具备评估资格的专业机构进行检测并出具专业的检测报告，直接以附件形式附于评估内容当中。

价值评估是依据《中国文物古迹保护准则》和文物本体现状及残损情况，通过分析其历史、科学、社会文化、艺术等方面的特征而界定文物本体价值的过程。历史价值一般要根据文物古迹存在的年代、稀缺性和对于历史发现所具有的意义而界定，例如山西五台山南禅寺大殿之所以具有很高的历史价值，是因为它是现存最早的木构建筑；陕西西安事变旧址的历史价值则在于它所承载的重大历史事件。科学价值在文物修缮领域一般指结构、构造技术的研究价值，比如不同年代、不同地域的古建筑结构构造方式不同，再比如土遗址对于研究当时当地夯土技术营造方法具有很重要的科学意义。社会文化价值的评估一般从文物古迹本身所承载的社会文化内涵入手，比如宫殿坛庙建筑是封建政治形态和礼制文化的缩影、四合院是封建家庭的聚居形态。艺术价值是指文物古迹体现出的美学价值和艺术手段，古建筑、木雕砖雕、石刻、彩画壁画等文物古迹本身就是艺术品，所反映的民族性、地域性和个性越典型，其艺术价值就越高。

二、修缮设计施工图绘制

（一）古建筑修缮制图的意义和内容

中国古代建筑独具风格、自成体系，在世界建筑史上占有重要地位。为了更好地继承这一宝贵的文化遗产并使之发扬光大，凡从事古建文物保护、勘测、设计、施工、管理工作的人员，都必须深入了解古建筑修缮制图的知识，掌握这门必要的专业技术，否则就不能确切无误地表现古建筑的构造、部位，进而无法实际了解古建筑残损情况和修缮方式。古建筑文物保护的一条重要原则就是通过保护修缮，保留固有的文物历史价值、科学价值、艺术价值，不掌握古建筑的相关知识，没有扎实的制图与识图功底，就无法很好地完成本职工作。

古建筑制图主要利用正投影，辅以轴测图和透视图，按照国家制图标准绘制出一套图纸，以表示古建筑的总体布局、单体形状、尺寸、结构、构造、装修、材料等。古建筑因其结构和材料的特性，比现代建筑更复杂，特别是带斗栱的古建筑。一座单体古建筑往往由成千上万个构件组成，其屋面曲线多呈抛物线，还常有许多脊饰，内、外装修更是繁杂多样。这就要求相当的专业制图水平。

古建筑修缮设计方案主要包含封面、目录、设计说明、残损现状图和修缮设计图等五部分内容，其中，残损现状图和修缮设计图还包括总平面图、平面图、立面图、剖面图和节点详图。修缮设计方案目录如图 2-3-7 所示。

这些图纸不仅可以表现出一座建筑物的整体外貌、特征、各种构件的形状以及它们在结构上的交接关系，而且还能准确地表示各种尺寸、数据及所用的材料质地、工程做法等。毫无疑问，它是指导工程进行的主要文件，也是认识和研究建筑理论及历史的重要资料。

图 2-3-7　修缮设计方案目录①

1. 残损现状图

残损现状图应反映出现存建筑与周边环境（其他建筑、古树名木、地形地貌、自然水体及其他重要地物）的关系，体现建筑自身平面形制、立面特征、结构形态、竖向标高、细部结构（如梁架、斗栱等）特征以及内外装饰装修细节等，还应显示可见部位的病害损伤现象、损伤范围及损伤程度（图2-3-8）。其图纸类别主要有：区位图、保护范围图、现状总平面图、平面图、立面图、剖面图、结构平面图（构架仰视图）和详图。

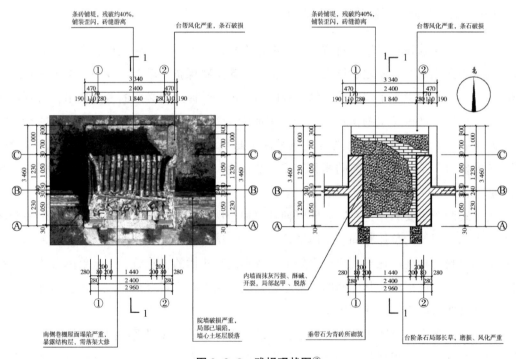

图 2-3-8　残损现状图②

2. 修缮方案设计图

修缮方案设计图用于大型和重要工程方案的设计阶段。

---

① 图片来源：萨拉齐关帝庙保护修缮设计方案。
② 图片来源：包头市九原区梅力更召保护修缮工程设计方案。

古建筑修缮工程的方案设计与现代建筑工程方案设计的区别在于二者的内涵不一样。现代建筑工程方案设计是针对设计任务书或招标文件要求所做的设计方案，更多强调的是设计构思理念、功能、结构构造、节能等方面的合理性。古建筑修缮工程方案设计则是针对现状测绘中发现的各类残损提出合理的解决方案。例如在现状测绘中发现大梁中间出现弯垂，梁两端裂缝，梁上的旧彩画出现褪色、龟裂等现象。那么在方案设计图中，就要提出相应的修缮方案，如在大梁下部一定位置用钢柱支撑，在梁的两侧施加铁箍，对裂缝内部采用环氧树脂灌浆，对彩画进行拓样、绘制、评图等。这些保护措施提出后，先要用文物修缮的法则来判断是否合理，在确认了合理性以后，再用图纸绘制出来。

古建筑修缮工程的方案设计图与现状测绘图的区别在于，现状测绘图要实事求是地表达清楚古建筑的残损，方案设计图则是针对现状测绘图中标注的各类残损提出合理的解决方案。也就是说，现状图是古建筑修缮前的状态表达，而方案设计图是未来修缮后的状态表达。

方案设计图由总平面图、平面图、立面图（图2-3-9）、剖面图和详图（现代建筑方

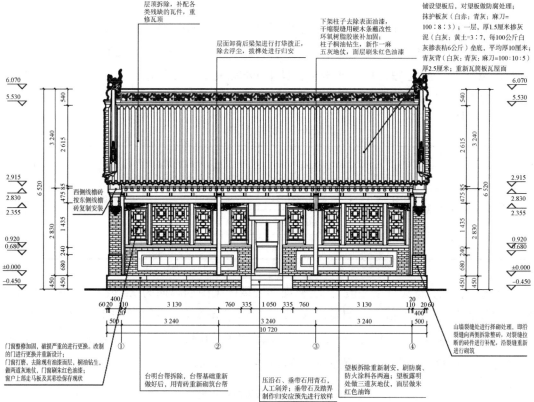

图 2-3-9　修缮设计立面图①

---

① 图片来源：包头市九原区梅力更召保护修缮工程设计方案。

案设计图中一般不表达详图)构成。其表达深度与测绘图相近,要求能表达清楚古建筑保护与修复的各类技术措施,满足编制工程概预算的需要即可。除了上述图纸外,还有用于表现修缮完成后效果的外观透视图或者模型。

3. 修缮施工图

古建筑修缮施工图是在方案设计图的基础上进一步深化、完善的图样,用来表达建筑物的总体布局、内部空间布局、外部造型、细部构造、内外装饰装修等在维修之后达到的标准,是相对微观、定量且有可实施性的设计,是施工单位的施工依据。图纸应完整统一、尺寸齐全、正确无误,并明确反映施工的具体要求。

与现代建筑施工图相似,古建筑修缮施工图可以按照不同专业,具体划分为建筑、结构和设备施工图,其中建筑施工图是最基本的,是各个专业的龙头,结构和设备施工图要以它为依据,按要求进行配套设计。

古建筑修缮施工图(建筑专业)可分为总平面图、平面图、立面图、剖面图、结构平面图(可在构架仰视图、构架俯视图中任选其一表达)及详图等。

(二)图纸幅面规格

古建筑修缮设计施工图严格遵循国家规定的图纸幅面标准。根据中华人民共和国住房和城乡建设部2017年9月27日发布的《房屋建筑制图统一标准》(GB/T50001—2017),图纸幅面有A0、A1、A2、A3、A4五种规格,具体标准如表2-3-1所示,其中,b=幅面短边尺寸,l=幅面长边尺寸,c=图框线与幅面线间宽度,a=图框线与装订边间宽度。

表2-3-1 幅面及图框尺寸　　　　　　　　　　　　单位:毫米

幅面代号 尺寸代号	A0	A1	A2	A3	A4
$b×l$	841×1189	594×841	420×594	297×420	210×297
c	10			5	
a	25				

古建筑修缮方案设计图一般为A3幅面,修缮施工图的幅面为A0或A1,根据实际工程中建筑的大小,会有适当的调整和变化。以A3图纸为例,标准长边尺寸为420毫米,因建筑外部形态不同,可加长为630毫米、841毫米、1051毫米、1261毫米、1471毫米、1682毫米、1892毫米等。具体增长尺寸如表2-3-2所示。

表2-3-2 幅面长边加长后尺寸　　　　　　　　　　单位:毫米

幅面代号	长边尺寸	长边加长后尺寸
A0	1189	1486、1783、2080、2378
A1	841	1051、1261、1471、1682、1892、2102

续表

幅面代号	长边尺寸	长边加长后尺寸
A2	594	743、891、1041、1189、1338、1486、1635、1783、1932、2080
A3	420	630、841、1051、1261、1471、1682、1892

（三）图线与字体

一张图样由许多粗细、虚实不同的线条组成。在古建筑修缮制图中，图样选用线型一般不少于三种，为更好地表现层次关系，可用四种或五种线型。具体线型、宽度和用途如表 2-3-3、表 2-3-4 所示。

表 2-3-3　线宽组　　　　　　　　　　　　　单位：毫米

线宽比	线宽组			
b	1.4	1.0	0.7	0.5
$0.7b$	1.0	0.7	0.5	0.35
$0.5b$	0.7	0.5	0.35	0.25
$0.25b$	0.35	0.25	0.18	0.13

注：1. 需要缩微的图纸，不宜采用 0.18 毫米及更细的线宽。

2. 同一张图纸内，各不同线宽中的细线，可统一采用较细的线宽组成的细线。

表 2-3-4　图线

名称		线型	线宽	用途
实线	粗	——————	b	主要可见轮廓线
	中粗	——————	$0.7b$	可见轮廓线、变更云线
	中	——————	$0.5b$	可见轮廓线、尺寸线
	细	——————	$0.25b$	图例填充线、家具线
虚线	粗	– – – – –	b	见各有关专业制图标准
	中粗	– – – – –	$0.7b$	不可见轮廓线
	中	– – – – –	$0.5b$	不可见轮廓线、图例线
	细	--------	$0.25b$	图例填充线、家具线
单点长画线	粗	— · — · —	b	见各有关专业制图标准
	中	— · — · —	$0.5b$	见各有关专业制图标准
	细	— · — · —	$0.25b$	中心线、对称线、轴线等
双点长画线	粗	— ·· — ·· —	b	见各有关专业制图标准
	中	— ·· — ·· —	$0.5b$	见各有关专业制图标准
	细	— ·· — ·· —	$0.25b$	假想轮廓线、成型前原始轮廓线
折断线	细	～	$0.25b$	断开界线
波浪线	细	～～～	$0.25b$	断开界线

1. 实线

这是表示实物体形的基本线条。为了使图形清楚、明确，在制图中经常同时使用几种不同粗细的线，如图 2-3-10 所示。

图 2-3-10　古建详图中的线型①

（1）基本线。

这是图样中应用最多的一种线。凡是构成建筑物及装修等构件体形轮廓（可见部分）的线条都是基本线。基本线的粗细，根据图样的大小和繁简程度而定。一套图应有统一的线号。

（2）轮廓线。

轮廓线的线宽度为基本线的 2～3 倍，主要用于各种突出的大构件或建筑物整体的外轮廓，如建筑物立面图，其外沿线上自屋脊、正吻，下至台明、地坪，都用轮廓线。斗栱大样图如出跳多，也可按出跳的内外加用轮廓线，以增加层次感和实体感。

（3）剖面线。

建筑物各个部件被切割开来的外轮廓线都是剖面线。剖面线的粗细取决于部件剖切面的大小，剖切面越大，剖面线就越粗。在图样中，凡是建筑物的两个（类）构件彼此衔接，或者一个构件被另一构件包含在内而一起被剖切时，其整体外轮廓线画剖面线，应当加粗；而相交接的共有线或被包在里边的线，应为基本线的 1/3 左右，如图 2-3-11 所示。

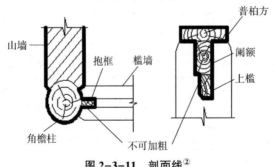

图 2-3-11　剖面线②

2. 虚线

虚线一般有两种情况可使用：一种是表明物体结构及体形的线被遮挡的部分；另一种是表示曾经有过而现在不存在的建筑物或某一构件的残缺部分。

3. 点画线

点画线（轴线）也叫中轴线或中心线，用于表示物体的中心位置或轴线位置。

---

①② 图片来源：《古建筑工程制图与识图》化学工业出版社．

4. 折断线

凡采用直线折断的折断线，必须经过全部被折断的图面，折断符号应画在被折断的图面以内，如图 2-3-12 所示，圆形的构件既可采用曲线（波浪线）折断，也可用直线折断。

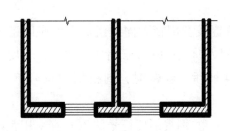 

图 2-3-12　折断线①

5. 波浪线

波浪线用于局部表示建筑物的构造层次，如图 2-3-13 所示。

总之，实线、虚线、点画线的宽度有粗、中粗、中、细四种，折断线、波浪线、剖面图中的图例线、尺寸线、尺寸境界线及引出线等相对较细。

6. 字体

图样及说明中的汉字，宜优先采用 True type 字体中的宋体字型，采用矢量字体时应为长仿宋体字型，宽度与高度的关系应符合表 2-3-5 的规定。大标题、图册封面、地形图等的汉字，也可书写成其他字体，但应易于辨认。

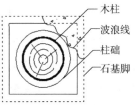

图 2-3-13　波浪线②

表 2-3-5　长仿宋体字高宽关系　　　　单位：毫米

字高	20	14	10	7	5	3.5
字宽	14	10	7	5	3.5	2.5

（四）绘图比例与符号

1. 古建筑修缮设计图和施工图中常用的比例尺

（1）建筑组群位置图或地形图常用 1∶2000、1∶5000、1∶10000。

（2）建筑组群总平面图、总剖面图、总侧面图常用 1∶100、1∶200、1∶500。

（3）单体建筑平面图、剖面图、立面图常用 1∶50，方案设计图用 1∶100，个别体量小的建筑也可以用 1∶30、1∶40。

（4）局部大样图中，斗栱、门窗等用 1∶10、1∶15、1∶20；梁架结点、门窗隔扇的

---

①②　图片来源：《房屋建筑制图统一标准》（GB/T 5001—2017）。

棂花、斗栱分构、柱础等用1∶2、1∶5、1∶10；门窗槛框、边挺的线脚有时用足尺，即1∶1。

2. 符号

（1）剖切符号。

① 剖面的剖切符号应由剖切位置线及剖视方向线组成，均应以粗实线绘制。剖切位置线的长度宜为6~10毫米；剖视方向线应垂直于剖切位置线，长度应短于剖切位置线，宜为4~6毫米，如图2-3-14所示。绘制时，剖视剖切符号不应与其他图线相接触。

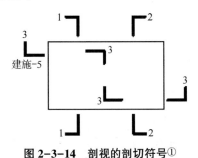

图2-3-14 剖视的剖切符号①

② 剖视剖切符号的编号宜采用粗阿拉伯数字，按剖切顺序由左至右、由下向上连续编排，并应注写在剖视方向线的端部。

③ 需要转折的剖切位置线，应在转角的外侧加注与该符号相同的编号。

④ 建（构）筑物剖面图的剖切符号应注在±0.000标高的平面图或首层平面图上。

⑤ 断面的剖切符号应只用剖切位置线表示，其编号应注写在剖切位置线的一侧；编号所在的一侧应为该断面的剖视方向，其余同剖面的剖切符号。

⑥ 当与被剖切图样不在同一张图内，应在剖切位置线的另一侧注明其所在图纸的编号，也可以在图上集中说明。

（2）索引符号与详图符号。

① 当索引出的详图与被索引的详图同在一张图纸内，应在索引符号的上半圆中用阿拉伯数字注明该详图的编号，并在下半圆中间画一段水平细实线（图2-3-15）。

② 当索引出的详图与被索引的详图不在同一张图纸中，应在索引符号的上半圆中用阿拉伯数字注明该详图的编号，在索引符号的下半圆用阿拉伯数字注明该详图所在图纸的编号（图2-3-15）。数字较多时，可加文字标注。

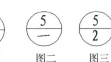

图2-3-15 索引符号②

③ 当索引出的详图采用标准图时，应在索引符号水平直径的延长线上加注该标准图集的编号（图2-3-15）。需要标注比例时，应在文字的索引符号右侧或延长线下方，与符号下对齐。

详图的位置和编号应以详图符号表示。详图符号的圆应以直径为14毫米的粗实线绘制。详图应按下列规定编号：

① 详图与被索引的图样同在一张图纸内时，应在详图符号内用阿拉伯数字注明详图的编号；

---

①② 图片来源：《房屋建筑制图统一标准》（GB/T 5001—2017）。

② 详图与被索引的图样不在同一张图纸内时，应用细实线在详图符号内画一水平直径，在上半圆中注明详图编号，在下半圆中注明被索引的图纸的编号。

(3) 其他符号。

① 对称符号。

对称符号由对称线和两端的两对平行线组成。对称线应用单点长画线绘制；平行线应用实线绘制，其长度宜为 6~10 毫米，每对的间距宜为 2~3 毫米（图 2-3-16）；对称线应垂直平分于两对平行线，两端超出平行线宜为 2~3 毫米。

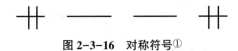

图 2-3-16　对称符号①

② 指北针。

指北针的形状宜如图 2-3-17 所示，其圆的直径宜为 24 毫米，用细实线绘制；指针尾部的宽度宜为 3 毫米，指针头部应注"北"或"N"字。需用较大直径绘制指北针时，指针尾部宽度宜为直径的 1/8。

图 2-3-17　指北针②

(五) 常用建筑材料图例

常用建筑材料图例如表 2-3-6 所示。

表 2-3-6　常用建筑材料图例

序号	名称	图例	备注
1	自然土壤		包括各种自然土壤
2	夯实土壤		
3	砂、灰土		靠近轮廓线绘较密的点
4	砂砾石、碎砖三合土		

---

①② 《房屋建筑制图统一标准》（GB/T 5001—2017）。

续表

序号	名称	图例	备注
5	石材	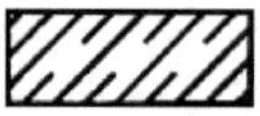	
6	毛石		
7	普通砖	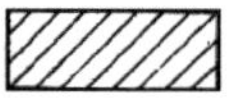	包括实心砖、多孔砖、砌块等砌体。断面较窄不易绘出图例线时，可涂红
8	耐火砖		包括耐酸砖等砌体
9	空心砖、空心砌块		指非承重砖砌体
10	饰面砖	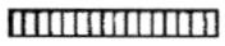	包括铺地砖、马赛克、陶瓷锦砖、人造大理石等
11	焦渣、矿渣	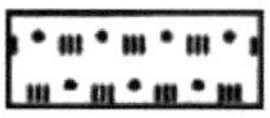	包括与水泥、石灰等混合而成的材料
12	混凝土	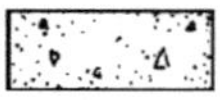	（1）本图例指能承重的混凝土及钢筋混凝土； （2）包括各种强度等级、骨料添加剂的混凝土； （3）在剖面图上画出钢筋时，不画图例线； （4）断面图形小，不易画出图例线时，可涂黑
13	钢筋混凝土		
14	多孔材料		包括水泥珍珠岩、沥青珍珠岩、泡沫混凝土、非承重加气混凝土、软水、蛭石制品等
15	纤维材料	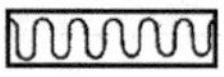	包括矿棉、岩棉、玻璃棉、麻丝、木丝板、纤维板等
16	泡沫塑料材料	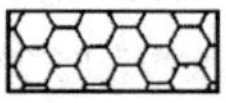	包括聚苯乙烯、聚乙烯、聚氨酯等多孔聚合物类材料
17	木材		（1）上图为横断面、上左图为垫木、木砖或木龙骨 （2）下图为纵断面
18	胶合板		应注明为多少层的胶合板

（六）尺寸标注

图样上的尺寸单位，除标高及总平面图以米为单位外，均必须以毫米为单位。

1. 尺寸界线、尺寸线及尺寸起止符号

图样上的尺寸，应包括尺寸界线、尺寸线、尺寸起止符号和尺寸数字，如图 2-3-18 所示。

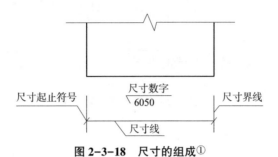

图 2-3-18　尺寸的组成①

尺寸界线应用细实线绘制，应与被注长度垂直，其一端应离开图样轮廓线不小于 2 毫米，另一端宜超出尺寸线 2~3 毫米。图样轮廓线可用尺寸界线，如图 2-3-19 所示。

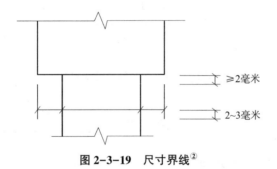

图 2-3-19　尺寸界线②

尺寸线应用细实线绘制，应与被注长度平行。图样本身的任何图线均不得用作尺寸线。

2. 尺寸的排列与布置

尺寸宜标注在图样轮廓以外，不宜与图线、文字及符号等相交，如图 2-3-20 所示。

互相平行的尺寸线，应从被注写的图样轮廓线由近向远整齐排列，较小尺寸应离轮廓线较近，较大尺寸应离轮廓线较远，如图 2-3-21 所示。

3. 尺寸数字

尺寸数字应依据其方向注写在靠近尺寸线的上方中部。如没有足够的注写位置，最外边的尺寸数字可注写在尺寸界线的外侧，中间相邻的尺寸数字可上下错开注写，如图 2-3-22 所示。

4. 标高

标高符号应以等腰直角三角形表示，标高符号的尖端应指至被注高度的位置。尖端宜向下，也可向上。标高数字应注写在标高符号的上侧或下侧，如图 2-3-23 所示。

---

①② 《房屋建筑制图统一标准》（GB/T 5001—2017）

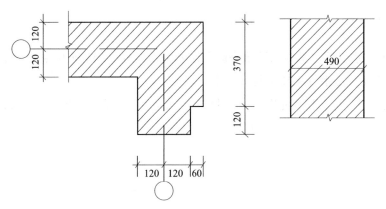

图 2-3-20　尺寸标注与图样轮廓关系①

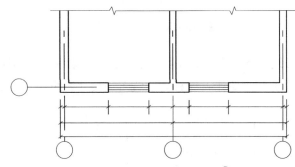

图 2-3-21　尺寸标注的排列②

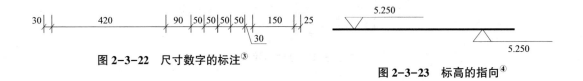

图 2-3-22　尺寸数字的标注③　　　　　图 2-3-23　标高的指向④

（七）建筑群总平面图

建筑总平面图是表达整个建筑用地内的总体布局的图样，是建筑、环境占用土地面积在地图上的体现，把已有、新建和拟建的建、构筑物以及道路、广场、绿化用地等，按照一定的比例绘制出来，对于场地较为复杂的建筑工程，还要求分项绘制竖向布置图、管线综合布置图、绿化布置图等。

建筑总平面图的绘制方法有首层轮廓表达法、屋顶轮廓表达法和建筑平面表达法三种。

《总图制图标准》（GB/T 50103—2010）规定："新建建筑物以粗实线表示与室外地坪相接处±0.00外墙定位轮廓线。建筑上部（±0.00以上）外挑建筑用细实线表示，地下建筑物轮廓用粗虚线表示。"这就是首层（或±0.00平面）轮廓表达法。

---

①②③④　《房屋建筑制图统一标准》（GB/T 5001—2017）

屋顶轮廓表达法即以屋顶投影图来表达新建建筑，并按照阴影透视的法则画出建筑阴影，更直观地表达出建筑的空间和立体效果。

建筑平面表达法是古建筑制图中的沿袭做法。在古建筑行业的传统制图中，常常将单体建筑平面图或者单体建筑简化平面图拼接组合形成总平面图。这种表达方法有利有弊，其好处是，从总平面图中能够直接判断各单体建筑的平面类型、开间数量、规模大小。其弊端是在大比例的总平面图中，如1∶300~1∶100的图中，古建筑平面尚基本清晰，但是随着总平面图比例变小，如1∶1000~1∶500，图面中的墙柱等细节会表示不清，所以在1∶500及以上的古建筑总平面图中，宜以±0.00所在层的建筑外轮廓线或台基外轮廓线来表达单体建筑的范围，如图2-3-24所示。

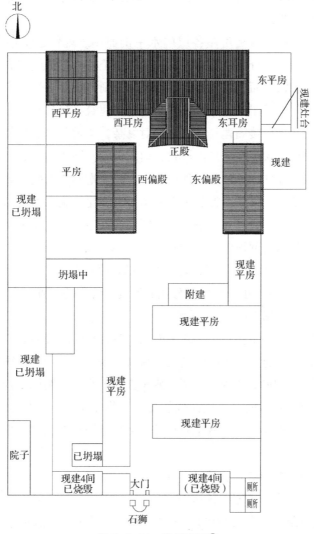

图 2-3-24　总平面图①

---

① 图片来源：萨拉齐关帝庙保护修缮设计方案。

在画总平面图时，可按照以下几个步骤进行。

（1）画出中轴线，并按顺序画出各主体建筑。
（2）画轴线以外的各种附属建筑及相关的院墙等。
（3）画甬路、树木及花坛等。
（4）对各线条进行加工，外轮廓线加粗处理。
（5）标注指北针、图名、比例、注字、边框、图标等。

（八）单体建筑平面图

古建筑平面图的形成原理与现代建筑平面图一致，即采用一个假想水平剖切平面（V-平面），沿建筑门窗洞口处将房屋剖切开，移去剖切平面以上的部分，将剩余的部分用正投影法向水平面作投影。

建筑分层平面图实际上就是房屋各层的水平剖面图。现代建筑根据建筑层数，有单层、低层、高层、超高层之分，单层建筑只需绘制一个平面，低层和高层建筑所需表达的平面图数量要根据实际情况而定，若表达内容相同，则只需要表达一个，如果表达内容不同，就需要绘制不同的平面图。古建筑单体多为单层建筑，只需绘制一个平面图即可。除单层建筑外，也有一些多层楼阁建筑，结构相对复杂，均须单独绘制各层平面。

古建筑平面图主要反映房屋的平面形状、内部位置，墙体的位置、厚度和材料，门窗的位置以及其他建筑构配件的位置和各种尺寸等，是大木制作安装、墙体砌筑、室内外装修和编制预算的重要依据。另外，古建筑平面图是其他建筑施工图的基础，与其他图纸及建筑详图呈逐级的关联性，只有先将平面图弄明白，其他图纸才能做到心中有数。

单体建筑平面图是水平剖视图，即假想用一个水平面把整座建筑物窗楣板上部切掉，在距室内地面1200~1500毫米的位置，画出俯视的水平正投影图主要表示该建筑的柱子排列（即柱网），面阔进深的大小，墙壁的分隔和厚度，门窗的位置及大小，踏跺、垂带石、地面及佛台、佛像等。如图2-3-25所示。

如果在同一张图纸上绘制多于一层的平面图，各层平面图按层数的顺序从左至右或从下至上布置。此外，每座建筑物还应绘制梁架仰视平面（一般是指普柏枋或平板枋以上，从斗拱底剖切正投影）和屋面俯视平面图。水平投影的平面图制图步骤如下。

（1）画出建筑物各开间面阔、进深柱子之间的纵横中线，并仔细核对各开间的分尺寸、总尺寸是否一致（次要尺寸服从主要尺寸，分尺寸服从总尺寸，少数尺寸服从多数尺寸）。
（2）画出檐柱与金柱的柱径、柱础及柱顶石。
（3）画出墙壁、门窗及佛座、佛像等。
（4）画出台明阶条石（台明断块）、地砖、踏跺、垂带石、散水。
（5）对柱径、墙壁、门槛窗剖面线及外轮廓线径进行加粗。
（6）选用细线画出剖面建筑材料质地纹样。
（7）标注尺寸、详图索引符号、标高、注字、指北针、图名、比例、图框、图标等。

(九) 单体建筑剖面图

剖切位置的选择对剖面图内容的表达至关重要，应根据图纸的用途或设计深度，在首层平面图上选择能反映建（构）筑物空间形态特征、结构特征和工程意图的位置剖切。如果单一剖面不能满足要求，应选择多个不同的剖切位置绘制剖面图。古建筑工程制图中应沿建筑横向和纵向绘制剖面图。横剖面图的剖切方向与矩形建筑平面的长轴垂直，至少应该有明间和梢间剖面，明间反映正身构架，梢间反映山面构架，如各间构架有异，每间均应绘制横剖面图。纵剖面图的剖切方向与矩形平面长轴平行，若古建筑前后内立面有异，则应按前视、后视两个方向分别绘制。横剖剖切位置应选在各开间的中心。纵剖剖切位置分两种情况：若建筑木构架为单脊檩（屋顶起脊），剖切位置在正脊略偏，错开脊檩即可，使得脊瓜柱、脊檩及屋脊部位的正脊瓦件等处于剖视部位；若建筑木构架为卷棚，则剖切位置在屋顶正中。

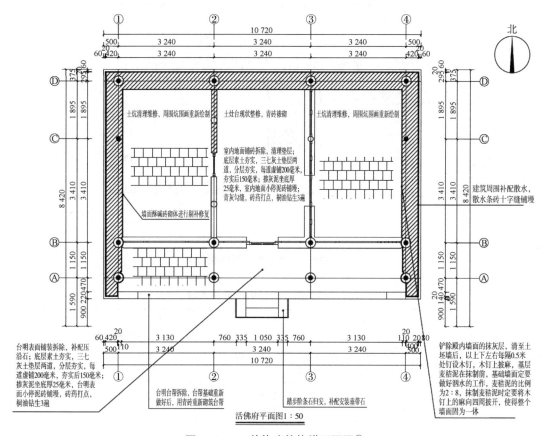

图 2-3-25　单体建筑修缮平面图①

横剖面和纵剖图是平行投影图，即假想一个垂直的剖切面，沿进深或面阔方向把建筑物剖开，向一侧绘制。沿进深方向所作的剖面为横剖面，沿面宽方向所作的剖面为纵剖面。如图 2-3-26 所示。一座结构比较简单的单层建筑物，只需画出横剖和纵剖两张图。

---

① 图片来源：包头市九原区梅力更召保护修缮工程设计方案。

如果建筑物开间较多、结构较复杂,横剖面图可分明间、次间、梢间等几种,纵剖面图可分前视、后视两种。横剖面图剖切位置一般在明间的中部,纵剖面剖切是沿着脊檩的外侧进行的。平行正投影的横剖面图制图步骤如下。

(1) 以平面图明间进深构件位置往上投影画出,由下至上,即从檐、金柱(地平)画起(但要注意柱侧脚与柱生起),按步架逐次往上画。

(2) 整个木构架画好后,再画正投影所能看到的勾头、滴水、瓦垄线、脊、墙壁、门窗、台明、踏跺等。

(3) 梁、枋、檩子、脊剖面线与轮廓线进行加粗。

(4) 选用细线画出剖面建筑材料质地纹样(图 2-3-26)。

(5) 标注尺寸、详图索引符号、标高、注字、图名、比例、图框、图标等。

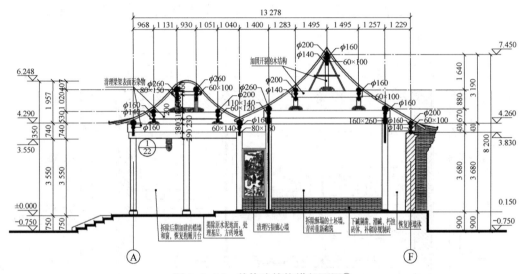

图 2-3-26　单体建筑修缮剖面图①

表 2-3-7　古建筑剖面图常用术语

序号	构件分类	构件名称		注释
		不带斗栱	带斗栱	
1	柱子	—	—	
2	架梁	三架梁		进深梁架,位于木构架顶,上承 3 根檩木
3		四架梁		用于卷棚类建筑的进深梁架,上承 4 根檩木
4		五架梁		进深梁架,上承 5 根檩木
5		六架梁		用于卷棚类建筑的进深梁架,上承 6 根檩木
6		七架梁		进深梁架,上承 7 根檩木

---

① 图片来源:包头市九原区梅力更召保护修缮工程设计方案。

续表

序号	构件分类	构件名称		注释
		不带斗栱	带斗栱	
7	步梁	抱头梁	桃尖梁	位于檐柱与金柱之间的步梁，无斗栱称抱头梁，带斗栱称桃尖梁
8		单步梁		跨度为一个步架水平投影长
9		双步梁		跨度为两个步架水平投影长
10		三步梁		跨度为三个步架水平投影长
11	特殊梁	踩步梁（金）		歇山建筑中，与进深梁架平行，支撑两山屋面椽尾的类梁构件
12		顺梁		梁的搭设方向与面阔方向一致
13		趴梁		梁端未落在柱顶之上而落在檩条或其他构件之上
14		承重		承托楼板重量的梁
15	转角梁类	抹角梁		在转角处与转角檩（桁）相交，呈抹角45°的梁
16		递角梁		在转角处呈中分90°直角的梁
17		角梁		在翼角部位，搁置于搭交檐檩和搭交金檩之间的斜梁
18		老角梁		翼角部位角梁，位于下部的称为老角梁
19		仔角梁		翼角部位角梁，位于上部的称为仔角梁
20		由戗		庑殿中，角梁后部直至正脊之间的后续斜向木构件
21	檩（桁）	—	挑檐桁	带斗栱建筑中，位于斗栱最外一头上的檩桁
22		檐檩	正心桁	位于檐柱中心线上的檩桁
23		下金檩	下金桁	位于檐檩（正心桁）与脊檩（桁）之间的檩条，根据古建筑的规模和位置，又可细分为上金桁、中金桁、下金桁
24		中金檩	中金桁	
25		上金檩	上金桁	
26		脊檩	脊桁	位于木构架最高位置处的檩桁
27	枋	—	挑檐枋	挑檐枋下的枋木
28		檐枋	额枋	檐柱顶位置处的枋木
29		金枋	金枋	金枋之下的枋木
30		脊枋	脊枋	脊檩之下的枋木
31		穿插枋	穿插枋	抱头梁（桃尖梁）下的枋木

续表

序号	构件分类	构件名称		注释
		不带斗栱	带斗栱	
32	椽	顶椽		位于卷棚类木构架最上部的椽子，也称罗锅椽
33		脑椽		搭设在脊檩与上金檩之上的椽子
34		花架椽		搭设在金檩与上金檩之上的椽子
35		檐椽		搭设在金檩与檐檩（正心桁）上的椽子
36		飞椽		檐口部位，铺钉于望板与檐椽之上的椽子
37		翼角椽		位于古建筑翼角部位的檐椽
38		翘飞椽		位于古建筑翼角部位的飞椽
39	其他构件	垫板		檩条与下部枋木之间或大小额枋之间的薄板
40		瓜柱		梁上的短柱，高度小于宽度
41		柁墩		梁上的木构件，高度大于宽度
42		角背		瓜柱过高时，稳住瓜柱的木构件
43		扶脊木		大式建筑中位于正脊之上的木构件，一个作用是两侧插椽尾，另一个作用是上部安装脊桩，稳定正脊瓦件

（十）单体建筑立面图

立面图是古建筑施工图的基本图之一，主要反映古建筑的体型轮廓与形状，立面中各组成要素，如台基、墙体、柱子、斗栱、屋顶、门窗等构件的形状、位置、标高、尺寸以及立面装修做法。立面图是古建筑大木与小木制作安装、砌筑墙体、开设门窗、室外装修等工程的重要依据。

古建筑立面图有三种命名方式。一是轴号命名法，适用于有定位轴线的建筑物，采用定位轴线的首尾编号来命名，如①~⑧立面图、A~F立面图。无定位轴线的建筑物有两种命名法：若房屋为南北向或近似南北向，可按照立面的朝向命名，如东立面图、西立面图；若房屋平面方正（为矩形平面），可采用主次面命名，如正立面图、背立面图、侧立面图。古建筑中的正立面特指建筑物入口立面或反映建筑物立面特征的主立面。确定正立面后，背立面和侧立面就相对明确了。

按照投影原理，立面图应将建筑立面上所能看到的台基、房身、屋面各个部位都画出来（图2-3-27）。正投影立面图的制图步骤如下。

（1）以平面图确定立面各个开间和柱位，由剖面图确定各部位的标高。

（2）画出台明、陡板、柱础、踏跺，有的还有栏杆等。

（3）画出门、槛墙、槛窗、山墙看面、垫板、枋及斗栱等，如有楼房，还有挂落、木栏杆等。

（4）画出檐椽、飞椽、封檐板、勾头、滴水、瓦垄、屋脊、脊饰、角梁等。

（5）确定各种线径，选用细线画出剖面建筑材料质地纹样，对外轮廓线径进行加粗。

（6）标注尺寸、详图索引符号、标高、注字、图名、比例、图框、图标等。

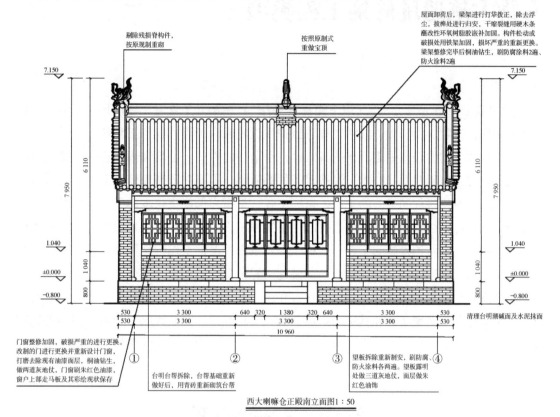

图 2-3-27　单体建筑修缮立面图①

（十一）局部大样图

古建筑修缮设计中的大样图绘制多少，主要取决于该建筑结构的复杂程度和附属艺术品的多寡。一般情况下，斗栱、藻井、门窗以及有一定历史价值的雕刻等附属艺术品，须画大样图，如图 2-3-28 所示。大样图的制图步骤如下。

（1）在修缮设计平面、立面或剖面图中标明大样图绘制的确切位置，按照节点详图绘制大样图并编号。

（2）如按照工程做法绘制，须标明结构层每一层的做法名称和图例；如绘制构造内容，须清晰标注结构样式和相互关系。

（3）确定各种线径，选用细线画出剖面建筑材料质地纹样，对剖面线径加粗。

（4）标注尺寸、图名、比例、图框、图标等。

---

① 图片来源：包头市九原区梅力更召保护修缮工程设计方案。

第三章
文物古迹遗址修缮工程类型

《文物保护工程管理办法》(以下简称《办法》)中第五条规定文物保护工程分为:保养维护工程、抢险加固工程、修缮工程、保护性设施建设工程、迁移工程等。保养维护工程,系指针对文物的轻微损害所作的日常性、季节性的养护。抢险加固工程,系指文物突发严重危险时,由于时间、技术、经费等条件的限制,不能进行彻底修缮而对文物采取具有可逆性的临时抢险加固措施的工程。修缮工程,系指为保护文物本体所必需的结构加固处理和维修,包括结合结构加固而进行的局部复原工程。保护性设施建设工程,系指为保护文物而附加安全防护设施的工程。迁移工程,系指因保护工作特别需要,并无其他更为有效的手段时所采取的将文物整体或局部搬迁、异地保护的工程。

文物古迹包括古文化遗址、古墓葬、古建筑、石窟寺、石刻、近现代史迹及代表性建筑、历史文化名城名镇名村和其中的附属文物,文化景观、文化线路、运河等类型的遗产也属于文物古迹的范畴。本章主要以文物古建筑为例,介绍各类文物保护工程的主要举措环节。

第一节 保养维护工程

保养维护工程也称为日常保养维护,《办法》中规定:"保养维护工程由文物使用单位列入每年的工作计划和经费预算,并报省、自治区、直辖市文物行政部门备案。"

保养维护工程是文物古迹遗址重要的保护措施,做好日常性、季节性的养护可以避免文物古迹遗址产生重大病害。保养维护工程一般包括巡视检查、档案记录、卫生保洁、应急管理、小型维修保养等工作环节。

一、巡视检查

巡视检查指文物古迹遗址的管理使用单位或其委托的专业技术人员,对文物本体的病害情况、危害程度,保护性设施的使用情况,以及周边环境开展的检查工作,包括日常巡视检查和专项巡视检查等方式。

(一) 日常巡视检查

日常巡视检查是文物古迹遗址的管理使用单位的常规性检查,目的是及时发现和记录文物古迹遗址保存现状和病害发展情况,以及保护性设施现状等。

日常巡视检查的周期根据文物古迹遗址的保护级别、地区差异、保存情况、文物规模、管理人员力量等,由文物所属地管理部门自行安排,以月、周、天为单位,一般每月应至少进行一次。

日常巡视检查的内容包括文物本体病害隐患及其周边环境变化等事关文物安全的事项。以文物古建筑日常巡视检查为例[①],包括地面及散水是否缺失、碎裂和酥碱,是否有凹凸不平、变形、拱起、塌陷等现象;屋面是否积存落叶、长草长树,附近树木枝叶是否影响屋面,瓦件、脊饰是否破损、松动、脱落、缺失,屋面是否漏雨;椽飞、椽望等构件是否糟朽、残缺、沤水;大木构架的柱、梁、枋等构件是否歪闪、弯折变形、移位、糟朽、缺失、虫蚁蛀蚀等;斗拱、木装修是否歪闪、变形、移位、糟朽、缺失等;油饰彩画是否起甲、龟裂、脱落等;墙体是否酥碱风化、裂缝、歪闪、构件缺失和移位、基础下沉及沉降变化等;抹灰、粉刷是否空鼓、粉化、脱色脱落、霉变等;月台、台明的阶条石、垂带、踏跺、下碱等是否歪闪、移位、下沉、破损、碎裂、酥碱等;排水系统是否通畅,泄水口是否堵塞等。

除文物本体以外,还应对文物"三防工程"(安防、消防、避雷工程)和保护围挡进行日常检查,包括安防、消防、避雷等设施设备、用电设备、电气线路等是否使用正常,是否存在火灾隐患等。同时检查文物古建筑加固设施是否移位、变形损坏,护栏围挡等防护设施是否损坏、残缺。

巡视检查以目测观察为主,也可根据实际情况,配合使用简易或小型的观测和检测工具。要做好巡视检查记录,建立巡查档案非常重要。应针对结构性病害进行连续检查,注意方法、位置的科学性和连贯性,完整的检查数据可以作为专项检查和专项维修工程的依据。

(二) 定期巡视检查

根据文物古迹遗址所在区域气候和保护级别以及病害程度,可安排定期季节性全面巡视检查。尤其是病害较严重、保存环境较恶劣的文物古建筑,应适当增加定期巡视检查次数,进一步保障文物古迹遗址的安全,及时发现文物保护与利用的隐患。定期巡视检查应在日常巡视检查内容的基础上,增加文物古迹遗址的结构安全检查、基础稳定性检查,并检查文物古迹遗址周边环境是否遭到破坏、景观风貌是否和谐,保护范围内是否存在影响文物安全的生产建设活动等情况。

---

① 引自国家文物局 2015 年《古建筑保养维护操作规程》。

(三) 专项巡视检查

在日常巡查和定期巡查发现重大隐患，或有自然因素和人为因素对文物安全造成明显影响时，应在 24 小时内启动专项巡视检查。

专项巡视检查主要根据影响因素类型，检查文物本体及其周边环境的受损程度。发现威胁文物古建筑及其环境安全的情况，应立即上报主管部门。如发现病害已严重威胁文物结构安全和整体稳定等，可能导致文物损坏和其他重大隐患，须立即在专业技术人员的指导下采取临时支顶等必要的抢救性防护措施。

二、档案记录

各类巡视检查均应对文物古迹的保存现状、病害和受损情况等拍照、记录，现场填写报表，整理相关文字及影像资料，并及时完整建档存档。根据文物类型和重点检查项目，编制日常巡视检查报表、定期巡视检查报表和专项巡视检查报表，与巡查现场资料一并建档存档。根据巡查的周期汇总巡视检查资料，分析评估病害类型、程度及发展变化趋势，提出修缮建议和保护结论。

建立完整的日常保养维护工作的资料档案，全面记录文物古建筑本体、保护性设施和周边环境的现状、病害情况等基础信息，巡视检查和保养维护记录应留存备份，并实现电子化存档，归入"四有"档案，作为后续观察、分析比对、巡视检查和维修保护工作的重要依据。

三、卫生保洁

卫生保洁指对文物遗址的定期清洁打扫和日常通风换气等工作，保持文物遗址的整洁卫生。对文物陈设、壁画、彩画、塑像、匾联等附属文物的保洁工作，应委托专业技术人员或在其指导下完成，确保文物安全。

四、应急管理

应急管理主要是灾害性天气出现时采取的紧急措施。气象预报部门发布橙色以上级别预警时，应及时采取必要的应急措施。尽量预防、降低雷击、漏水、积水、飓风等对文物古迹造成的伤害。受灾后，应及时组织专项巡视检查，统计灾损情况。

五、小修保养

小修保养指对文物古建筑进行屋面维护、简易修整补配、简易支固、疏通排水、局部环境整理等经常性的小修保养，维持文物古建筑的良好状态。

(一) 原则要求

（1）日常巡视检查如发现病害，应随发现、随组织保养维护。

（2）小修保养可由管理使用单位，或委托熟练掌握当地传统工艺技术的专业技术人员完成。工作过程中不得改变文物现存结构、材料、外观、装饰和色彩，并应向相应的文物行政部门备案。

（3）小修保养不包含彩画、壁画、塑像、安防、消防、避雷、虫蚁害防治等专项保养工作。

（二）屋面维护

（1）清除屋面土垢、树叶、苔藓等杂物，清除杂草、小树，清理干净植物根系。如用水冲垄，不得自下而上逆向冲水；冲水应适度，不得影响建筑其他部位安全，必要时须做好防护。

（2）检查屋面构件，发现个别残损、缺失应及时更换、添配。

（3）发现屋面局部渗漏应及时勾抹，如渗漏水面积较大应做标记，进行详细检查，确定具体渗漏位置、范围，及时上报。

（三）简易修整补配

（1）检查门、窗等木装修，发现松动、脱落应及时修整紧固；如有门、窗残损、缺失，应及时按原样补配。

（2）检查建筑地面铺装，发现个别歪闪、移位、缺失，应及时归安、添配。

（四）简易支顶加固

（1）梁柱、墙体突发局部歪闪、下沉等险情时，应在专业技术人员指导下进行必要的简易支顶加固，并增挂危险警示标志。

（2）简易支顶加固措施应坚持最小干预原则，具有可逆性。

（3）简易支顶加固后，应加强巡视检查；如险情加重，应及时上报。

（五）院落内外排水疏导

（1）日常应注意检查院落内外排水系统，及时清除泄水口周围杂物垃圾，疏通天沟及明暗排水沟，更换破损构件。

（2）雨季前，应及时排查排水设施情况，确保排水系统通畅。

（3）发生大面积积水时，应查找原因及时排除。

（六）庭院整理

（1）清理庭院范围内的杂物垃圾，保持庭院及周边环境整洁卫生，物品摆放有序。

（2）庭院内不得存放易燃易爆物品，距离建筑散水1米范围内不应堆积杂物。

（3）及时清理影响文物古建筑安全的附着植被。

第二节　抢险加固工程

《文物保护工程管理办法》第十条规定，文物保护工程按照文物保护单位级别实行分级管理，并按以下规定履行报批程序：全国重点文物保护单位保护工程，以省、自治区、直辖市文物行政部门为申报机关，国家文物局为审批机关；省、自治区、直辖市级文物保护单位保护工程以文物所在地的市、县级文物行政部门为申报机关，省、自治区、直辖市文物行政部门为审批机关；市县级文物保护单位及未核定为文物保护单位的不可移动文物的保护工程的申报机关、审批机关由省级文物行政部门确定。

抢险加固工程、修缮工程、保护性设施建设工程的立项与勘察设计方案按上述规定履行报批程序。抢险加固工程中确因情况紧急需要即刻实施的，可在实施的同时补报。

一、支护加固

防止文物古迹的墙体、梁架、构筑物坍塌而导致彻底破坏或灭失，可以采用支护、支顶措施。支护措施要充分考虑文物本体的安全性和长期稳定性（图3-2-1）。

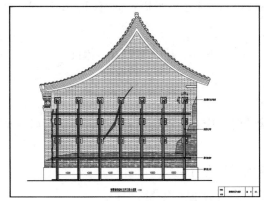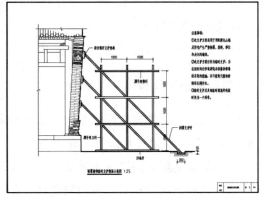

图3-2-1　文物古建筑山墙支护

二、防雨罩护

防止风雨侵蚀导致文物古迹彻底破坏或灭失，可以采用防雨布、防雨棚等罩护措施。防雨罩护要考虑文物的正常通风干燥，避免对文物造成二次伤害（图3-2-2）。

三、疏通排水

避免积水浸泡破坏，可以采用开挖明渠排水和机械排水的举措，地势较低的情况可以开挖蓄水池，收集积水后集中排放（图3-2-3）。

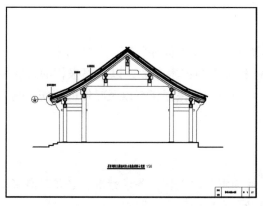 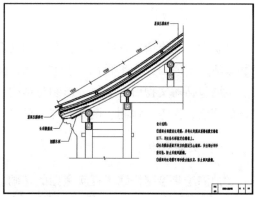

图 3-2-2 文物古建筑屋面防雨措施

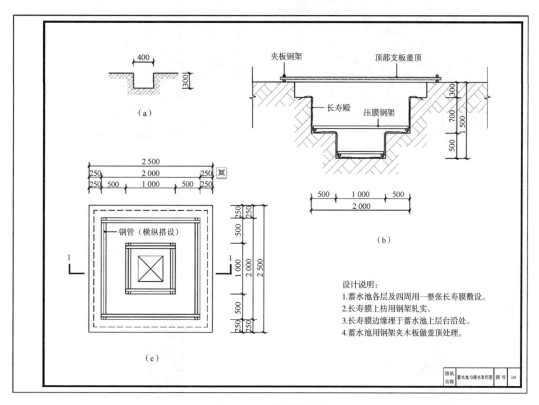

图 3-2-3 临时蓄水池

(a) 排水明渠剖面图 (1:25); (b) 蓄水池剖面图 (1:25); (c) 蓄水池平面图 (1:25)

第三节 修缮工程

修缮工程，指为保护文物本体所必需的结构加固处理和维修，包括结合结构加固而进行的局部复原工程。修缮工程一般包括申报勘察、方案设计和修缮施工三个阶段。

一、勘察报告

现状勘察是修缮工程的基础,其目的是探查和评估文物保存状态、破坏因素、破坏程度和破坏产生原因,为工程设计提供基础资料和必要的技术参数,以勘察报告的形式呈现。主要包括对文物历史沿革、形制与结构、环境影响、保存状态以及具体的损伤、病害进行的测绘、探查、检测、调查研究、勘察结论等内容。

(一)实地测绘

实地测绘是绘制修缮工程实测图的基础。此为艰苦的工作,务求精准,必要时需多次补测,应翔实记录文物现存状态、结构、病害及分布区的地形、地貌(图3-3-1)。

(a) （b）

图 3-3-1

(a) 实地测绘;(b) 航空测绘

(二)勘查探测

勘查探测是对文物本体的保存现状及周边环境的病害进行翔实的查验和探测,结合自然原因和人为因素,分析研究病害成因,编制文物残损表(图3-3-2)。

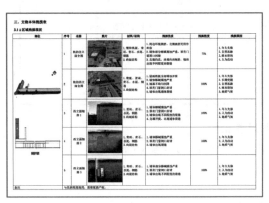   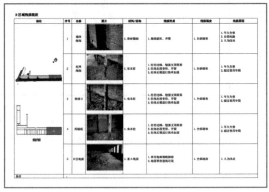

图 3-3-2 文物残损表

(三)科研检测

科研检测是依据勘查探测的初步判读,对病害成因和文物的安全性进行科学严谨的测试检查，包括文物周边的地质和水文地质检测、文物使用材料性能分析试验、环境检测等。检测要符合相关专业的现行国家标准和文物类型特性。科研检测分析报告是文物修缮工艺及材料选择的主要依据（图 3-3-3 和图 3-3-4）。

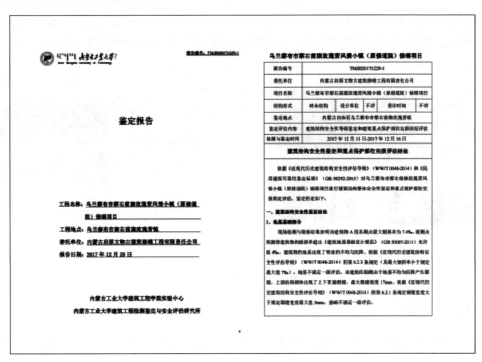

图 3-3-3　建筑结构安全性鉴定报告

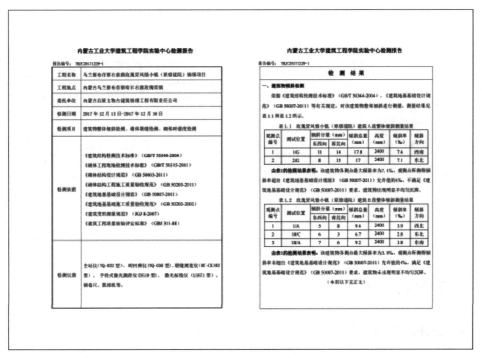

图 3-3-4　检测报告

(四) 调查研究

调查研究是广泛收集文物相关的历史资料、考古资料和历次维修资料（"四有"档案），尽可能找寻参与保护修缮或见证相关过程的当事人，充分了解文物的原材料、原形制、原工艺、原做法，判别文物年代等留存信息，准确描述文物的历史沿革和价值（图3-3-5）。

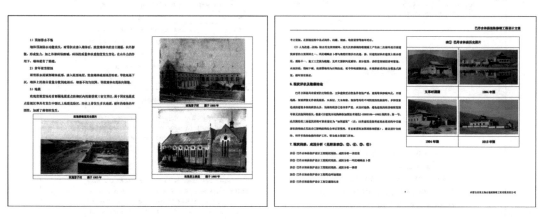

图 3-3-5　历史资料

(五) 勘察结论

在实地测绘、勘查探测、科研检测、调查研究等工作的基础上，对文物形制、年代、价值、环境和病害原因进行综合的分析评估，提出文物保存现状的结论性意见和保护建议（图3-3-6）。

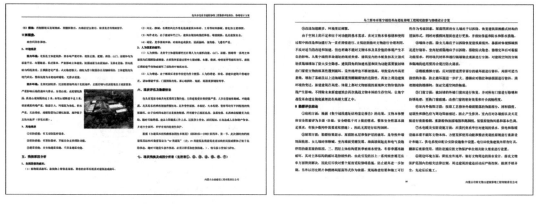

图 3-3-6　勘察结论

二、修缮设计

(一) 设计说明

依据文物勘察报告，就文物古迹的价值及其保护现状提出修缮设计方案，包括修缮设计的主要内容和目标等。

（二）设计依据

包括三个方面，一是国家及地方的文物保护法律、法规及标准等；二是地方相关部门针对文物的请示、批复及立项文件等；三是实地勘察调研结论和科研检测结果。

（三）设计原则

通用原则详见第一节。除了通用原则以外，还需要对不同的文物修缮现场提出具体要求。

（1）有统一规定的，一定要按统一规定做；没有统一规定的，要按当地的常见做法做。

（2）若建筑没有修缮记录，在修缮中应尊重和保持原状，不能改动。若建筑物经后人修缮改变了原有的做法和制式，重修时要尽可能予以纠正，使其符合原状。

（3）不同地区、不同时代的古建筑有各自不同的手法和风格，维修时要尊重当地的技术传统和建筑物的时代特色。

（4）不同时期遗存的痕迹和构件原则上予以保留；如不可能全部保留，则应保护好最有价值的部分，其他去掉部分留存标本、记入档案。

（四）工程性质

综合考虑文物的价值和保存现状及病害程度，确定修缮工程性质。

（五）工程范围

需明确到每一个独立的文物本体或周边环境的准确方位。

（六）工程内容与保护措施

根据文物本体的现状和病害情况，本着保持文物原真性和充分发挥文物价值的基本原则，针对文物本体的病害，采取科学、合理的修缮防治措施。

1. 古建筑修缮工程内容与保护措施案例

（1）屋面：屋顶卸荷，揭顶维修，局部落架，屋面制安。

屋顶卸荷，去除残破脊件，恢复原形制正脊、垂脊、戗脊、脊兽。去除残破瓦件，铲除酥软泥背，重新做屋面灰背，添补同型同质瓦件。

（2）木基层：揭顶维修，木基层制安。

去除糟朽望板、木椽，矫正屋架，去除糟朽严重的檐椽、飞椽，按同质同型添配制安。糟朽较轻的做防潮处理，按原尺寸制安瓦口。

（3）木构架：打牮拨正，大木归安。

梁架部分：清理梁架表面污染物，调整柱网，扶正梁架，重修规划电线电路，集中铺设。抱厦雷公柱柱头按原形制补接。加固开裂的檩、椽、枋、柱等，替换虫蛀、糟朽严重的椽、檩、柱等木构件。所有木构件进行防水、防腐、防蛀处理。

柱网：恢复原地面露出柱础部位，根据实际情况整治桑墩、调整柱网。替换糟朽严重的柱子，糟朽程度较浅的柱子采用墩接的方法修缮，或用铁箍加固。拆除后加建槛墙，清理柱体残余漆皮，修补裂缝、重新刷漆。对于隐蔽部位的木构件，应详细检查是否裂缝、糟朽，再针对破损的类型和程度，制订相应修缮方案。

（4）墙体：剔凿挖补，局部重砌。

内墙：拆除后墙、东西山墙酥塌的土坯墙，青砖重新砌筑。隐蔽部分可用硅酸盐制品替代。

外墙：对外墙青砖酥碱面进行清洁处理，剔补酥碱墙体。拆除、重砌裂缝的西山墙。后墙与东山墙遮挡不见，施工后针对破损情况制订修缮方案。所有外墙按原形制砌筑。拆除正殿东西两侧后期搭建房屋。东、西山墙墀头、山花制安。

槛墙：拆除新加建的槛墙，按原形制复原隔扇。

廊心墙：西廊心墙采取揭取保护，墙体重砌时将廊心墙归安，东廊心墙按原规制制安。

（5）木装修：加固修复，门窗制安。

走马板：调整口框，按原尺寸制安缺失走马板，替换开裂严重的走马板，修补轻微开裂的走马板。

门窗：拆除新建门窗，按原形制恢复门窗位置与装饰。恢复正殿檐廊，按原形制重新制作门窗隔扇。

（6）地面、台明：拆除修复，地面台明制安。

室内地面：拆除水泥地面，用400厘米×400厘米×70厘米的方砖重铺地面。

阶条石：清理潮碱面和水泥抹面，歪闪阶条石扶正归安，替换腐蚀风化严重的条石。

陡板：去除砖砌体，补砌缺失陡板。

台明：修补裂缝，清理地面，露出整体台明，按原规制扶正归安。

踏跺：清理地面，露出原始地面，按原规制制安踏跺及垂带。

（7）彩画、油饰：除尘、修复。

彩画：清洁梁架枋表面彩画的污迹与灰尘，小面积复原处理彩画损毁部分；按原有形式制作彩画地仗（一麻五灰）及油漆地仗（大漆地仗）。

2. 近现代史迹及代表性建筑修缮工程内容与保护措施案例

（1）屋顶：二、四、五、顶楼，拆除现有屋面、防水保温层、女儿墙等后，整体浇注钢筋混凝土楼面，四周出檐30厘米。二、四楼屋顶水泥做排水十字分水脊15厘米，东南、东北角留排水孔，外接排水管。

（2）基础：下挖现有地坪至原地坪，修缮剔凿糟朽酥碱基础。重做散水（100厘米），制作排水沟，铺设铁制排水沟网架，与市政排水管网对接。

（3）院落：恢复地坪后，做三合土基层，院落硬化（广场砖），与周边道路结合处做台阶。

(4) 墙体：

外墙：留有大量战争时期的弹孔，不做大面积处理，外墙顶部等潮碱部分做除碱除盐处理，修补后期裂缝和人为开调的部位，恢复北墙、南墙原入口和窗洞，恢复门窗。

内墙：去除后期加建的木龙骨、隔墙、石膏板，修补裂缝。清洗受潮、污染的墙体，重新制作窗洞、窗台，制作安装门窗。内墙、屋顶做混合砂浆基层后，按现代墙体粉刷要求施工，面层粉刷为白色涂料，重新装修，墙裙、踢脚线重新油漆。

(5) 水、电、暖：重新铺置上下水管网、电线线路、采暖管网。

(6) 门窗：拆除四楼和一楼封墙窗洞，重新安装门窗。现有门窗维修，窗框打磨除锈，喷涂防锈底漆，补原子灰，局部打磨，喷氟碳面漆，玻璃清洗。

(7) 楼梯：楼梯栏杆除锈、清洁、油漆。替换开裂严重的扶手，清洁扶手，重新油漆。

(8) 室内地面：修补破损的地面，清洁除垢，打磨上蜡。

(9) 环境整治：拆除东、西、南、北角的临时搭建建筑，清洁污染痕迹，恢复原有入口与窗洞。

(七) 文物实测图

文物实测图也叫现状图，图纸及文字说明必须完整、准确、清晰，使用行业通用术语。制图应符合规范标准，比例的确定以清楚表达测绘和设计内容为原则（图3-3-7）。实测图应达到下列要求：一是标明病害位置，说明保护的必要性；二是确定修缮分项工程项目及工程规模，指导工程量估算、工程造价估算和施工图设计（图3-3-8）。

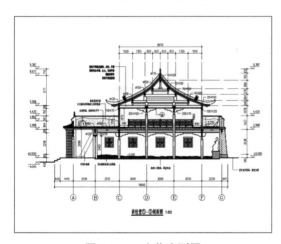

图 3-3-7　文物实测图

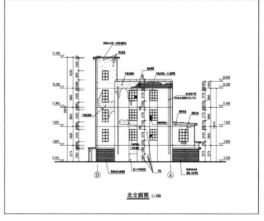

图 3-3-8　修缮施工设计图

除了通用要求以外，施工设计图应明确修缮工程的规模、修缮部位、工程范围，注明对病害实施的具体技术性措施，且具备编制工程招投标文件、编制工程预算并核算各项经济指标的准确性，满足设备材料采购、基本构件制作及施工组织方案编制的需要。

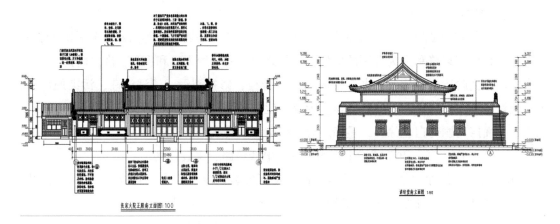

(八) 修缮设计图

除了设计通用要求以外，设计施工图应该对修缮工程的规模、修缮部位、工程范围进行控制。图纸可以指导施工，明确注明实施对病害的具体技术性措施。且具备编制工程招投标文件、编制工程预算并核算各项经济指标的准确性，满足设备材料采购、基本构件制作及施工组织方案编制的需要。

(九) 工程造价概预算

工程造价概预算包括：工程总预算、工程造价汇总表、单项工程招标控制价汇总表、分部分项工程量清单与计价表、规费清单及计价表、主要材料价格表等。

第四章
营造习俗与古迹遗址修缮技艺的传承与保护

第一节 营造习俗

内蒙古自治区是中国少数民族聚居地区之一，拥有丰富的建筑营造习俗，反映了蒙古族人民的深厚文化底蕴和创造力。这些传统建筑形式不仅是内蒙古自治区的文化瑰宝，也是中华民族宝贵的文化遗产。比如蒙古包是蒙古族人民的传统居住形式，也是内蒙古自治区的一种特色建筑。蒙古包的建造需要选用优质的毛毡和木材，经过精心的设计和搭建，最终形成一个圆形的、具有良好保温性能的居住空间。内蒙古自治区是藏传佛教的重要传播地区，寺庙也是一种重要建筑形式。寺庙建筑通常采用藏式风格，具有独特的风貌和文化内涵。内蒙古自治区的塔楼也是一种独特的建筑形式。塔楼建筑通常采用砖木结构，具有高大的建筑体量和独特的外观造型，常见于城市中心和重要场所。内蒙古自治区的民居建筑也具有独特的特色，其区域布局和材料选择大部分建立在当地自然资源的基础上，运用当地现有的自然、经济和技术条件，满足人们的物质与精神需求。

以传统民居建筑为例，其营建观念非常讲究尊重自然生态，道法自然、因地制宜地创造相对舒适的人居环境，将建筑的选址、布局、选材、能耗、营造技艺和地域性特色进行有机融合。在内蒙古中西部地区，生活所处的自然环境与民族习俗造就了类型多样的少数民族民居建筑。比如牧区的蒙古包和以毡房为代表的民居建筑，就是随着牧场的变化、为适应游牧生活应运而生的。传统的民居建筑通常采用木结构和毛毡覆盖，具有良好的保温性能和适应草原气候的特点。同时注重装饰和细节处理，常常采用彩绘和雕刻等手工艺术技巧。

社会生态主要内核是社会环境，其内涵包括社会生活的全方位，包括我国传统社会结构形态、组织结构特征、社会变迁等。传统民居营造文化的生成、形态、结构与发展深受社会生态圈的影响。现代社会的民居环境凭借更为发达的社会生产关系，使得人们的生活方式、交往方式同步更新，新思想、新材料、新技术快速而普遍的应用，促使传统民居营造文化的传播者主动更新旧思维，使思想观念、审美心理和创作手法形成新模式，创新完善传统民居业态功能和建筑形式。

尊重传统民居营造的人文化、常态化、动态化是其文化创新的前提。传统民居的建筑物质本体形态是自然生态环境和社会生态环境互相作用的结果，而传统民居营造文化作为一种精神形态，其内涵在于对传统乡土文脉的传承、建筑风格的发扬和新工程技术的运用。这就需要转变对民居营造文化的认识角度，将其发展过程代入到更为开放的人文社会系统中去认知。农耕文明时期有与之相对应的内闭型民居营造文化特征，后工业社会时期必然也要求有与之相对应的开放型文化特征，要利用当代社会发达的经济条件和技术条件实现传统民居营造文化的创新。

第二节 古迹遗址修缮技艺的传承与保护

古迹遗址修缮技艺是指对历史文化遗产进行修缮、保护、维护和传承的技术和方法，是一门综合性的学科，涉及建筑学、材料学、文物保护学、考古学等多个学科领域。古迹遗址修缮技艺的历史可以追溯到古代，例如我国的长城、故宫等古迹都有过多次修缮。在欧洲，古迹遗址修缮技艺的发展也非常早，例如罗马竞技场、巴黎圣母院等古迹也有过多次修缮。古迹遗址修缮技艺可以分为建筑修缮技艺、文物修复技艺、考古发掘技艺等多个方面。建筑修缮技艺主要是对建筑结构进行修缮和保护，文物修复技艺主要是对文物进行修复和保护，考古发掘技艺主要是对考古遗址进行发掘和保护。古迹遗址修缮技艺的传承与保护可以促进文化交流和文化创新，对于保护历史文化遗产、推动古迹遗址修缮技艺的发展都具有重要意义。

一、传承现状

古迹遗址修缮技艺的传承面临着多种难点，例如技术和方法非常烦琐、需要长期的学习和实践才能掌握，传承人员不足，传承方式单一，传承环境变化（如城市化、人口流动）等。传承现状主要表现在以下几个方面：

1. 相关实施标准与细则缺失

时至今日，国家层面仅对历史文化名城、名镇、名村和街区的保护规划有比较详细的编制要求，而历史建筑保护规划一直没有统一的编制依据和编制要求，仅仅局限在各地的规划尝试之中，并没有发挥明显的规划管理和修缮指引作用。近几年来，一些城市开展了历史建筑保护规划或保护细则的编制，但缺乏系统的梳理总结、研究分析及反思，其成果主要面向内部专业人员，缺乏公众的参与，除了公示的保护规划图示之外，也缺乏其他了解渠道。

2. 保护方式不当

由于公众对历史建筑保护的参与度较低，对其重要性也不甚了解，多数历史建筑在保护过程中存在片面保护的现象。在对历史建筑进行使用的过程中，往往更多地考虑其产生的经济效益，简单地根据使用需求，任意更改建筑原先的功能、内部结构和室内外装饰。有些历史建筑甚至已经出现了"两张皮"的现象，即建筑外立面及装饰仍维持初始的风格，内部使用空间却改造为现代样式。这些都是对历史建筑保护不当的表现。

3. 技术传承难以为继

一是传承人才短缺。由于古迹遗址修缮技艺需要长期的学习和实践，传承人才的培养需要时间和精力。但是，现在很多年轻人对于这种传统技艺缺乏兴趣，导致传承人才短缺。二是传承方式单一。传统的古迹遗址修缮技艺主要靠口传和师徒传承，这种方式存在着信息不对称、传承效率低等问题，难以满足现代社会对于技艺传承的需求。

4. 技艺保护不足

古迹遗址修缮技艺的保护需要政府、社会和个人的共同努力，但是现实中，很多古迹遗址修缮技艺的保护措施不够完善，导致技艺的传承不完整甚至失传。

二、保护途径

古迹遗址是社会生产生活和文化变迁的见证者，是人类社会发展和文明进步过程中极其重要的组成部分。它承载着社会、文化、经济和情感等多方面的价值，是重要的物质文化遗产，也是地区发展和建设过程中的宝贵财富。对古迹遗址进行有针对性的保护、修复和再利用，以实现在新时期的可持续发展，是城乡建设和发展过程中非常重要的任务。

古迹遗址修缮技艺可以作为修缮工作的参考和指导，帮助修缮人员更好地掌握修缮技术和方法。同时，古迹遗址修缮技艺还可以作为重要资料，为后人了解历史文化遗产提供参考。古迹遗址修缮技艺的应用还可以促进文化旅游的发展，为社会经济的发展做出贡献。

1. 建立完善的传承机制

政府应出台相关政策，鼓励和支持古迹遗址修缮技艺的传承和发展，建立完善的传承机制，包括培训、考核、认证等环节，提高传承效率和质量。

2. 推广多元化的传承方式

古迹遗址修缮技艺的传承与保护主要有口传、师徒传承、技艺大赛、技艺培训等多种方式。其中，口传是最为传统的方式，通过口头讲述，将修缮过程中的技艺、工艺、材料等方面的知识传承下来。师徒传承是自古传承技艺的一种方式，通过师傅传授、徒弟学习掌握，实现技艺的传承和保护。技艺大赛是通过比赛的方式来展示和传承技艺。技艺培训是一种现代化的保护方式，通过培训的方式来传授技艺，提高修缮人员的技艺水平。学校教育也是古迹遗址修缮技艺传承的重要方式，通过开设相关专业课程，培养专业人才，推动古迹遗址修缮技艺的传承和发展。此外，还可以探索更加多元化的传承方式，如通过网络、视频等方式进行传承，提高传承的效率和覆盖面。

3. 加强技艺保护和传承意识

政府、社会和个人都应该加强对古迹遗址修缮技艺的保护和传承意识，加强技艺的保护和传承工作，防止技艺的流失和失传。

4. 加强技艺传承的研究和整理

对于一些古迹遗址修缮技艺的传承出现断层的情况,可以加强技艺传承的研究和整理工作,找到传承的缺口,补齐技艺传承的断层,保证技艺传承的完整性。

总之,古迹遗址修缮技艺的传承是一项长期而艰巨的任务,需要政府、社会和个人的共同努力,加强技艺的保护和传承,推动古迹遗址修缮技艺的发展和传承。

古迹遗址保护除了政府部门和相关负责单位的有序推进外,更多的还需要公众有意识地进行自发式的保护。有些古迹遗址处于城市中心且使用频率较高,但由于使用人群对建筑的保护和修缮重视程度不够,导致许多历史街区或古迹遗址经受自然损害的同时,也受到诸多人为破坏。因此亟须加强公众对古迹遗址保护工作的认同,提升公众的保护意识和自主性。

古迹遗址的保护不是一朝一夕可以完成的,建筑的产权所有者、建筑再利用时的经营者、公众以及其他相关人员是不同的利益群体,他们之间都可能存在对建筑认识的分歧。只有明确古迹遗址保护的责任权属关系,形成逐级监管、逐级实施、逐级保护的责任体系,才有可能实现对现存古迹遗址的有效保护,实现其可持续发展。

古迹遗址的保护应以历史资料为依据,明确具体的保护位置和改造强度。也可以根据同一类型建筑物存在的共性问题,提出具有针对性的修复、保护方式和要点。根据古迹遗址的现状选择合适的保护策略,并在具体实践中加以实施,是科学的古迹遗址保护方式。

第三节 古迹遗址所代表的文化是中华民族的根与魂

古迹遗址承载着中华民族的历史和文化,也是人类文化的瑰宝和灵魂的栖息地。它们不仅是建筑物,更是历史的见证,象征着一种独特的文明、一种有意义的发展。作为中华民族文化的载体,古迹遗址是增强民族凝聚力、促进民族文化可持续发展的基础。这些不可再生的珍贵资源需要加强修缮保护,才能更好地实现文化传承。因此,保护和修缮古迹遗址是一项重要的文化事业,需要综合考虑文物的历史价值、文化意义、艺术价值和科学价值等方面,采取科学、合理、可持续的保护措施,确保文物的完整性和真实性。同时,也需要注重文物的利用和开发,让古迹遗址焕发新的生命力,为人们提供更多的文化体验和教育价值。在保护和修缮古迹遗址的过程中,需要政府、专家、社会组织和公众的共同参与和努力。政府应该加强对古迹遗址的管理和保护,制定相关的法律法规和政策措施,加大投入力度,提高管理水平和技术水平。专家应该对古迹遗址进行科学的研究和评估,提出合理的保护方案和修缮方案。社会组织和公众应该积极参与到古迹遗址的保护和修缮中来,增强文化自觉和文化责任感,共同守护中华民族的文化遗产。

中华文化有两大主源,即中原农耕文化和草原游牧文化。草原游牧文化最鲜明的特点之一就是天人合一、崇尚自然、敬畏自然、与自然和谐相处。习近平生态文明思想提出:"自然是生命之母,人与自然是生命共同体,人类必须敬畏自然、尊重自然、顺应自然、保护自然。"这与草原游牧文化一脉相承，而一座座古迹遗址，正寄托着草原游牧文化血脉的传承。加强古迹遗址修缮保护，不仅仅是对其实体的保护，更是让草原文化的传承绵亘不绝。古迹遗址修缮工作要本着对国家、对民族、对子孙后代负责的态度，要挖掘古迹遗址的价值所在，让其"活化"展现、重焕生机，向人们更好地展示其丰富的中华民族历史文化内涵。内蒙古自治区古迹遗址的修缮和保护工作更要从草原民族的建筑特色和精髓出发，结合历史文化、建筑遗构方面的知识，扎根于草原民族文化，使其所承载的厚重历史记忆得以延续。

　　古迹遗址不仅是物质文化的重要组成部分，还具有精神方面的文化内涵，是中国文化中最具特殊魅力的实体文物，代表着中华民族的智慧与才能，是中国文化的标志与象征。不同时代、不同地域的古迹遗址各有不同的特点，体现了中国文化从古到今的传承与延续，展现了中华文化的博大精深。古迹遗址所代表的文化是中华民族的根与魂，我们应当继承并发展这种文化，激发民族自信心，将这种文化的精神发扬光大。由于一些早期实物保存较少，古迹遗址所代表的历史、文化意义更为重大，是先辈留给我们的宝贵财富，因此，保护和传承这种文化是我们的责任和义务，体现着我们对历史和文化的尊重和珍视。在保护和传承的过程中，需要采取科学、系统、综合的措施，加强监管、加强修缮、加强防护，注重教育、宣传、研究等工作，让更多的人了解和认识古迹遗址所代表的文化的价值和意义，让这种文化的精神得到更好的传承和发扬。同时，也需要注重创新和发展，将古迹遗址所代表的文化与现代社会相结合，推动其在现代社会中的发展和应用，让其焕发出新的生命力和活力。只有这样，才能更好地传承和发扬中华民族的优秀文化遗产，使其在新时代中绽放出更加绚烂的光彩，为中华民族文化的繁荣和发展做出更大的贡献。

　　内蒙古古迹遗址起源于旧石器时代，历经夏商周、秦汉、魏晋南北朝、隋唐、宋辽金、元明清等不同发展阶段，沉淀着数千年的民族文化和智慧。每一处古迹遗址都是一个时代的缩影，都有一段历史的丰碑，都展示着民族的智慧和文化思想，保护这些古迹遗址，就是珍爱历史、保护文化。内蒙古的古迹遗址不仅具有历史价值和文化价值，对于推动内蒙古地区的经济发展和文化交流也具有重要的作用。通过对这些遗址的保护和开发，可以吸引更多的游客前来参观和了解内蒙古的历史文化，促进当地旅游业的发展和经济繁荣。

第五章
内蒙古文物古建筑保护与利用现状调查

第一节 调查概述

一、调查范围和方法

本调查中的古建筑仅指在文物保护单位分类（古遗址、古墓葬、古建筑、石窟寺及石刻、近现代重要史迹及代表性建筑）中的古建筑，包括王府、衙署、藏传佛教建筑、汉传佛教建筑、道教建筑、伊斯兰教建筑、天主教建筑、民居建筑及戏台。

调查方法一是对内蒙古古建筑文献资料尽可能全面地进行调研；二是对不同地域具有代表性的几处古建筑进行实地调查；三是对古建筑研究领域的专家和古建筑文物修缮与保护公司的专家进行访谈。

二、古建筑保存现状调查分析

内蒙古地处草原，拥有丰富的历史文化遗产，尤其是古建筑。现遗存下来的主要是辽金元明清时期的一些建筑，当时内蒙古一带的部落在中原政治和文化的影响下，开始出现独具特色的宗教建筑，以传自藏区和中原地区的藏传佛教建筑召庙为主，在明清的鼎盛时期达到1800多座。塔幢因主要是砖石结构，保存下来的也较多。此处还有道教、伊斯兰教建筑等。现遗存下来的内蒙古古建筑主要有辽金元明清时期的一些建筑，内蒙古一带的古代部落在中原政治和文化的影响下，开始出现了独具特色的宗教建筑和寺庙等建筑物，以传自藏区和中原地区的藏传佛教召庙建筑为主，在明清的鼎盛时期达到1800多座召庙。其中还杂陈道教建筑，伊斯兰教建筑等。辽金时期留存下来还有塔幢，因其结构主要是砖石结构，保存下来的建筑较多。元朝时期，蒙古族统治者兴建了许多大型宫殿和城堡，这些建筑物不仅具有很高的艺术价值，也体现了蒙古族独特的文化传统。明清时期，建筑上融合了许多典型的满族建筑风格，多伦县的汇宗寺就是这一时期的代表性古建筑。20世纪初，内蒙古逐渐进入了现代化建设，许多传统的古建筑逐渐被拆除或改建。但是，随着古建筑保护意识的逐渐增强，越来越多的古建筑得到了保护和修复，如呼伦贝尔市的莫日格勒河古城、赤峰市的喇嘛城等。

第二节　文物古建筑结构特点

内蒙古地区现存的古建筑各具民族特色和不同的地域风格，为了更好地了解其保护现状，本调查把古建筑类文物保护单位按材料结构进行分类[①]，主要有以下几种。

（1）砖木混合：呼和浩特玉泉区大召、席力图召、财神庙，呼和浩特回民区乌素图召、清真大寺，包头市达茂旗百灵庙，包头市昆都仑区梅日更召，鄂尔多斯市乌审旗乌审召，通辽市库伦旗库伦三寺、寿因寺，乌兰察布市四子王旗王府庙，赤峰市翁牛特旗乌丹镇梵宗寺，巴彦淖尔市乌拉特后旗善岱古庙，丰镇市新城湾乡境内金龙大王庙。

（2）砖木结构：锡林郭勒盟多伦县碧霞宫，锡林郭勒盟苏尼特右旗苏尼特德王府，丰镇市牛王庙，赤峰市喀喇沁旗喀喇沁王府，呼和浩特市新城区将军衙署、和硕恪靖公主府，阿拉善巴彦浩特镇阿拉善王府，通辽市奈曼旗奈曼王府，伊金霍洛旗阿勒腾席热镇伊金霍洛旗郡王府。

（3）砖石混合结构：呼和浩特市回民区天主教堂，包头市土右旗萨拉齐天主教堂，巴彦淖尔市磴口县三盛公天主教堂，乌兰察布市凉城县天主教堂，赤峰市林西县天主教堂。

（4）砖石结构：赤峰市巴林左旗林东镇辽上京南塔、北塔，赤峰市元宝山区辽宁静安寺塔，赤峰市敖汉旗武安州塔，赤峰市宁城县辽中京遗址内大明塔、小塔、半截塔，赤峰市巴林右旗辽庆州释迦如来舍利塔，呼和浩特市东郊辽代万部华严经塔，呼和浩特市玉泉区金刚座舍利宝塔、席力图召喇嘛塔，通辽市开鲁县佛塔。

（5）木结构，砖木混合：包头市昆都仑区昆都仑召，包头市土右旗美岱召，鄂尔多斯市准格尔旗准格尔召，阿拉善左旗巴彦浩特镇延福寺。

（6）木结构：锡林浩特市贝子庙，锡林郭勒盟多伦县汇宗寺，赤峰市宁城县大城子镇法轮寺。

（7）黏土砖木混合：阿拉善右旗巴丹吉林沙漠腹地巴丹吉林庙。

（8）石木混合：包头市石拐区五当召，乌兰察布市四子王旗红格尔苏木希拉木伦庙，巴彦淖尔市磴口县阿贵庙。

（9）砖结构：呼和浩特市和林县魁星楼。

（10）砖石木混合结构：包头市东河区清真大寺。

（11）砖土混合结构：阿拉善额济纳旗黑城子清真寺。

（12）以砖为主，兼用土木、石材：额济纳旗黑城遗址塔林、绿城遗址塔林。

[①] 张鹏举．内蒙古古建筑［M］．北京：中国建筑工业出版社，2015：392-395．

表 5-2-1　内蒙古古建筑文保单位按材料结构分类所占比例表

材料结构	数量	所占比例/%
砖木混合	14	25
砖木结构	9	16
砖石混合结构	5	9
砖石结构	12	21
木结构，砖木混合	4	7
木结构	3	5
黏土砖木混合	1	2
石木混合	3	5
砖结构	1	2
砖石木混合结构	1	2
砖土混合结构	1	2
以砖为主，兼用土木、石材	2	4

从以上统计表中可以看出，现存衙署、王府、寺庙等古建筑多数为砖木及砖木混合材料结构，占比达到41%；石质结构占其次，多数天主教建筑和佛塔是砖石混合结构，辽代很多佛塔是砖石结构，故留存到现在的比较多，二者相加达到30%；木结构建筑因难以保存，只有小部分留存，都是清代的藏传佛教建筑。古建筑的结构设计符合当时人们对于建筑物功能和美学效果的需求，在所用材质上与中国其他地区古建筑的特征是一致的，但在装饰风格上往往与当地文化和历史背景密切相关，比如内蒙古的藏传佛教建筑，就体现出其独特的风格。

第三节　文物古建筑保护利用情况

内蒙古文物古建筑当前的功能和用途因地区和具体情况而异。一些经过保护和修缮的古建筑被用作博物馆、纪念馆、文化遗产展示中心等文化场所，供人们了解历史和文化。

一、保护现状

全国重点文物保护单位一般保护得比省级文物保护单位好。通过现场调查发现，全国重点文物保护单位在保护过程中虽然也有一些问题，但相对来说保护利用总体都做得比较好。主要原因是级别高，各级政府和文物部门比较重视，国家文物局和地方政府都有配套经费，能够及时进行修缮，管理得也比较好。比如新中国成立后，政府投巨资对呼和浩特市大召进行了大规模修缮，拆除了寺院周围的危旧民宅和临街商业建筑，这样大召就与席力图召隔街相望，重现了明清年代"召城"的风采。现在大召由统战部统一管理，有专门负责保护修缮的单位，也有消防大队负责消防安全，保护现状比较好，是国家4A级旅游景区。现阶段被列入市级以上文物保护单位的古建基本能被妥善保护，部分得到修缮利用，但还有很多散落在民间的古建筑因各种原因遭到不同程度的破坏。

从材料结构来说，木结构的古建筑因易受风雨侵蚀，更难抵抗自然的破坏，因此保存下来的并不多。但在文物保护工作中，这并不是起决定作用的因素。古建筑的保护状况主要取决于保护者的重视程度和保护手段的科学合理性。

城区古建筑一般比近郊古建筑保护得好，乡村的古建筑状况相对较差，原因是各地文保单位一般都在城区，对城区古建筑易于管理，又因城区交通便利等各方面因素，城区古建筑更容易开展旅游，一般有资金投入，能得到及时的保护修缮。近几年国家推动乡村振兴，古建筑是乡村发展文化旅游的重要资源和载体，保护好、挖掘好、利用好这些古建筑对推动乡村文化振兴至关重要。因此乡村古建筑逐渐受到重视，各地政府对符合条件的古建筑积极申报为文物保护单位，对需要抢救的古建筑也纳入保护计划，积极保护修缮。内蒙古自治区已有62个村落先后六批被纳入国家传统村落名录。这些利好的政策增强了乡村居民的保护意识，破坏文物的现象已很少见，古建筑得到了更好的保护。但在一些偏远地区乡村的古建筑因疏于管理、年久失修，破损非常严重。

二、存在的问题

当前内蒙古文物古建筑保护利用的局限性主要包括以下几个方面：

一是破坏和损伤问题。一些古建筑因为自然灾害、人为原因导致严重损伤，需要进行修缮。

二是资金问题。文物古建筑的保护和修缮需要大量的资金投入，但是很多地区的保护经费仍然不足，无法满足其维护需求。

三是技术和研究问题。文物古建筑的保护和修复需要专业技术支持，修缮古建筑需要高水平的研究，目前自治区对保护技术的专业研究仍然相对滞后。

四是意识问题。虽然现在人们对古建筑的认识在逐渐增强，但仍有许多人对于古建筑的历史和文化价值认识不足，尤其是乡村民众的保护修缮意识淡薄，无法有效地加强对其保护和利用。

五是市场化与利益问题。合理的市场化是保护古建筑的手段之一，但有些地方为了追求经济效益而破坏古建筑，将古建筑变为纯商业化的项目，在建筑物中加入现代元素，甚至破坏原貌，忽视其文化价值和历史意义，随着建筑业和旅游业的高速发展，在破旧建新的理念下进行盲目开发，很多古建筑并没有得到专业的保护。

六是应用问题。古建筑的使用功能与现代生活需求有时存在较大差异，一些古建筑无法适应当今社会的生产生活需要，难以得到有效利用。

七是消防安全问题。笔者在实地考察中，发现几处古建筑院内有杂物，周边环境并没有纳入古建筑管理，环境较差。采访了几位值班人员和消防人员，发现大部分人员对消防设备的使用操作并不熟悉。值班人员对古建筑的文化价值认识不高，非专业人员值守，职责不明确，监管也不到位。

第四节　文物古建筑保护措施建议

一、政策支持

自党的十八大以来，中共中央办公厅、国务院办公厅和国家文物局先后颁布了《关于促进文物合理利用的若干意见》《国家文物事业发展"十三五"规划》《关于加强文物保护利用改革的若干意见》等文件，为文物保护的活化利用提供了指导意见，《文物保护工程管理办法》《古建筑修缮项目施工规程（试行）》《文物建筑保护工程施工组织设计编制要求》《全国重点文物保护单位文物保护工程检查管理办法（试行）》《全国重点文物保护单位文物保护工程竣工验收管理暂行办法》等文件对古建筑修缮保护的施工、监管等事项提出了规范。《中共中央 国务院关于做好 2023 年全面推进乡村振兴重点工作的意见》明确提出，要扎实推进宜居宜业和美乡村建设，实施传统村落集中连片保护利用示范，对乡村古建筑的保护将起到很大作用。内蒙古自治区文物局制定了内蒙古自治区"十四五"文物事业发展规划，编制实施全区不可移动文物预防性保护总体方案，极力推动《内蒙古自治区文物建筑保护维修计划方案（2021—2023 年）》的实施，对全区亟须保护的文物古建筑、近现代重要史迹和代表性建筑分年度进行保护修缮，并根据《内蒙古自治区文物保护条例》等有关法律法规制定了《内蒙古自治区文物保护专项资金管理办法》，用于支持全区文物保护工作，促进文物事业发展。今后也应按照《中华人民共和国文物保护法实施条例》和《文物保护工程管理办法》，加强文物保护工程管理，做好事前、事中、事后监管，保证工程效果和质量。

二、文物古建筑保护利用举措

为了更好地保护和利用文物古建筑，应该采取以下举措：

一是加强资金投入。政府应该加大对于古建筑保护经费的投入力度，鼓励社会各界积极参与古建筑的保护和利用。

二是提高技术水平，加强对于古建筑保护和修缮技术的研发和推广，同时注重对地方传统工艺和建造做法的调查、研究和保护。

三是强化意识教育。通过开展宣传、教育等活动，提高公众对于古建筑文化价值的认识，增强保护意识。

四是建立机制。建立健全的古建筑保护管理机制，完善相关法律法规，规范保护和利用行为，防止古建筑遭受非正常损坏。

五是加强文物安全意识和安全督察。针对古建筑安全隐患，要明确管理、值守、消防等人员的主体责任，强化使命担当，严格落实各项规章制度，重视文物安全隐患，牢牢守住文物工作的底线。属地文物管理部门要定期联合应急、消防、宗教等部门，对古建筑、文物博物馆等单位的消防安全逐一进行排查，发现问题，建立问题隐患清单，增强安全意识，防患于未然。推进自治区文物安全协调机制的建立，开展全区文物安全工作落实情况专项督察工作。

六是探索新的利用方式。在保护古建筑原貌和历史价值的前提下，探索新的利用方式，例如将一些古建筑改造成创意园、艺术中心等文创产业基地，建立特色小镇，结合古建筑建立乡居民宿，提供更多的文化体验和就业机会。同时，在商业化利用过程中，要注意保护古建筑的文化价值和历史特色。

七是完善古建筑保护工作。防雷电工程、防火系统等安装后，应明确日常维护的责任单位和经费来源，加强日常维护和检测，确保系统能正常使用。

八是加强地方古建筑文化宣传。各地文旅部门可以对古建筑进行新媒体宣传，让更多的人了解当地古建筑，以促进文旅活动的开展。

三、文物古建筑保护利用策略

对于文物古建筑的保护利用，一是要制定科学合理的保护规划，需要考虑古建筑的文化价值、历史背景、现状及其未来的利用等方面，制定有针对性的保护和利用措施。二是加强技术支持，探索新的保护修缮技术，提高古建筑的保护水平，例如数字化技术、材料科学技术、智能化技术等。三是加强培训和人才队伍的建设。对古建筑的管理、维护和修缮都需要专业的技术人员进行操作，因此，应加强培训和人才队伍的建设，培养更多的古建筑保护利用专家和技术人才。五是提高公众的保护意识，加强宣传和教育工作，让公众了解古建筑的文化价值和保护意义，引导公众亲近古建筑并积极参与保护利用的工作。六是建立完善的法律法规体系，加强对古建筑保护利用的监管力度，保障古建筑保护利用事业的稳步发展。同时，应落实责任制，明确各级政府职责，并加强协作与配合，共同推动古建筑的保护利用事业。

文物古建筑保护利用研究的未来，可以从以下几个方向进行展望：一是加强科技应用。随着科技的不断进步，可以通过数字化技术、智能化技术等手段对古建筑进行监测、保护和修缮。未来的研究可以更多关注这些前沿技术的应用和发展。二是探索文化价值。古建筑之所以具有重要的文化价值，是因为它们蕴含着丰富的历史、文化、艺术等元素。未来的研究可以更加深入探索古建筑的文化价值，发现其独特之处，并将其传承下去。三是提高管理水平。古建筑的保护利用需要有专业的人员来进行管理，未来的研究可以关注如何提升管理水平，建立更为完善的保护利用体系，保证古建筑的保护和利用水平不断提高。四是加强国际交流。古建筑的保护利用是一个全球性的课题，各国都有自己的经验和做法。未来的研究可以加强国际交流，借鉴其他国家的经验和成果，探索出更加适合本国情况的保护利用方式。五是继续推广宣传。古建筑的保护利用需要得到社会的广泛关注和支持。未来的研究可以加强对古建筑保护利用知识的普及宣传，提高公众的保护意识和参与热情。

附录　保护修缮实践案例

全国重点文物保护单位
——内蒙古自治区巴丹吉林庙抢险修缮工程

勘察报告与修缮设计方案

项目名称　　内蒙古自治区巴丹吉林庙抢险修缮工程

委托单位　　内蒙古自治区阿拉善右旗文物局

设计单位　　内蒙古启原文物古建筑修缮工程有限责任公司

设计资质　　文物保护工程勘察设计甲级资质　　文物设甲字×××××

项目审定　　李应龙

项目审核　　李　铸

项目负责　　侯智国

项目成员　　李元晨　王　晓　王楠楠　黄雅倩　张立桥

　　　　　　王振华　祖宪夫

内蒙古启原文物古建筑修缮工程有限责任公司

二〇一六年五月

目 录

1 项目概况
 1.1 地理位置
 1.2 建筑概述
 1.3 气候与地址概况
 1.4 历史沿革
 1.5 "四有"建档情况

2 建筑描述
 2.1 总体描述
 2.2 单体描述

3 价值评估
 3.1 历史价值
 3.2 艺术价值
 3.3 科学价值
 3.4 社会价值

4 建筑现存状况
 4.1 建筑本体现状调查
 4.2 建筑总体现状描述
 4.3 单体建筑现状描述
 4.4 环境现状
 4.5 其他现状

5 残损原因分析
 5.1 自然因素的破坏
 5.2 人为因素的破坏

6 现状评估及勘察结论

7 现状残损、成因分析及修缮措施表

内蒙古自治区巴丹吉林庙抢险修缮工程勘察报告

巴丹吉林庙位于雅布赖镇北140公里的巴丹吉林嘎查所在地。又名苏敏吉林，其名"吉林"系蒙古语，汉语译为庙海子。据有关资料记载，公元1755年，新疆康布玛尼奇喇嘛途径巴丹吉林，持有玛琴尼达嘎活佛像，为其修建了该庙宇。该庙建成后隶属阿拉善旗延福寺管辖，系阿拉善八大古庙之一。2015年4月—2016年4月，按内蒙古阿拉善右旗文物局的要求我公司对内蒙古自治区巴丹吉林庙进行三次勘察测绘，并完成了《内蒙古自治区巴丹吉林庙抢险修缮工程勘察报告》。

1 项目概况

1.1 地理位置

巴丹吉林庙位于内蒙古自治区阿拉善右旗雅布赖镇北部140公里的巴丹吉林嘎查所在地。其整体位于东经102°25′24.3″，北纬39°43′27.7″。巴丹吉林庙地处巴丹吉林沙漠腹地，巴丹吉林沙漠分布于弱水东岸额济纳旗古日乃湖以东，宗乃山和雅布赖山以西，拐子湖以南，北大山以北的地区，地理位置处于阿拉善荒漠中心地带。

1.2 建筑概述

巴丹吉林庙建筑气势雄伟、庄重肃穆、典雅美观，有"沙漠故宫"之称。目前有单体建筑三座，分别为巴丹吉林庙（讲经堂）、玛尼喇嘛拉卜楞、佛塔。巴丹吉林庙位于建筑群的中段，坐西向东，庙室分为上下两层，呈楼阁式，四角形角楼呈曲尺重楼歇山顶，下层面阔15.2米，进深16.4米，高3.15米；上层为挑空回廊，面阔9.20米，进深9.70米，高2.2米。东正面设有一主门和两个侧门，庙东正面有两个窗户，南北两侧各有4个窗户。内设12根梁柱支撑着上层，下层外墙内有24根梁柱支撑。四周院落围合。

据资料记载，该庙的一砖一石一木全部从沙漠之外用骆驼和羊驼运进大漠，36根梁柱全部由人工抬入。玛尼喇嘛拉卜楞位于建筑群最南端，建成于民国三年（1914年），为三开间卷棚硬山带檐廊，面阔三间，通面阔9.0米，通进深7.81米。院落东侧为庙仓4座（现已拆除），院落围合。佛塔位于最北端，建成年代不详，为藏传佛教覆钵式佛塔，高8.5米，塔基最宽处4.7米。由塔座、塔身、塔瓶和塔刹四部分组成。"文革"前夕，该寺庙有喇嘛80余人，"文革"中寺庙内的文物被洗劫一空，大部分喇嘛还俗，经堂当时被嘎查当作粮库使用，免于灾难。巴丹吉林庙建筑风格独特，是阿拉善右旗唯一保存较完整的寺庙，能在沙漠腹地建筑如此气势非凡的寺庙，实属罕见。巴丹吉林庙的建筑风格反映了沙漠建筑的风格和特点，对我们研究阿拉善古建筑史、宗教史具有非常重要的意义。

1.3 气候与地质概况

巴丹吉林庙归属于内蒙古阿拉善右旗，全旗地势南高北低，总趋势西高东低，中间地段趋于缓和。平均海拔1200~1400米。南、西南部有龙首山脉、合黎山，中部有雅布赖山脉，西北部为巴丹吉林沙漠，在山地与沙漠之间有戈壁、丘陵、滩地纵横交错，其中沙漠占46.6%、山地占6.5%、丘陵占33.4%，戈壁、滩涂占13.5%；地处内陆高原，属暖温带荒漠干旱区，为典型的干燥大陆性气候特征，四季分明。年均气温8.4℃，1月平均气温-7.8℃，7月平均气温25.4℃。无霜期150天。年平均降水量113毫米，年平均蒸发量3100毫米，年均日照时数3104.6小时，日照百分率70%。年平均大风78天。年均风速4.4米/秒，是沙尘暴形成频繁和强烈的动力条件，严重影响着全旗的气候状况。

巴丹吉林庙地处巴丹吉林沙漠腹地，巴丹吉林沙漠面积达五万平方公里，是我国第三大沙漠。巴丹吉林沙漠高达沙山分布密集，堪称世界面积最高沙漠，绵延起伏的沙山中，鸣沙山数量之多、分布之广、响声之大，当今世界绝无仅有，被誉为"世界鸣沙王国"。高大的沙丘紧密重跌，按其形态特征可分为新月形复合型、金字塔状、巨大沙山3种类型。以固定沙丘为主，高大沙山集中在沙漠内部，占整个沙漠面积的61%。沙漠边缘为新月形沙丘，该区气候恶劣，极端干旱。境内分布着144个绿洲湖泊，总面积为23平方千米，蒸发强烈，大多为咸水湖，矿化度高。湖泊中繁衍生息着野鸭、大雁、天鹅等珍贵野禽。巴丹吉林庙所属雅布赖镇巴丹吉林嘎查，总面积3184平方公里。2005年8月24日，巴丹吉林沙漠及其周边一些地区的阿拉善沙漠国家地质公园被批准为国家沙漠地质公园，成为我国第一个沙漠国家地质公园。

1.4 历史沿革

阿拉善右旗，古为禹贡雍之域，春秋之前为氏族和氏族部落居地，春秋属秦、秦始皇时置地郡，为北狄牧地。战国至秦为月氏居地，汉时属北地、武威、张掖三郡，西汉为匈奴右贤王牧地。东汉至三国时期是羌、乌桓、鲜卑、匈奴等族牧地，晋为前凉、后凉、北凉等所据。西晋时，秃发鲜卑牧于阿拉善西北部；匈奴贺兰部牧于贺兰山西部；匈奴铁弗部和鲜卑拓跋部游骑出没于阿拉善东部。十六国时期，阿拉善东部和北部为柔然游牧地；西南部为秃发鲜卑地区。北朝时期是柔然、突厥之地。

北魏、北周时是柔然、突厥牧地，唐属河西节度使，隋唐时为突厥诸部居地；唐为吐蕃、党项之游牧地。五代时由吐蕃、回纥、鞑靼诸部游牧地、元隶甘肃行中书省，为蒙古部落牧地。明永乐处为西部瓦剌地区，明代蒙古部亦不剌、火筛、着力兔、达延汗先后占有此地。据《清史稿》记载："阿拉善额鲁特部，至京师五千里，东鄂尔多斯、西额济纳、南宁夏、凉州、甘州，北逾瀚海接赛音诺颜、扎萨克图盟。袤延七百余里，即贺兰山地驻牧蒙古，系出元太祖弟哈布图哈萨尔，与和硕特同族。故称额鲁特部。"到16世纪，瓦剌蒙古逐渐分为准噶尔、和硕特、土尔扈特、杜尔伯特四大部落。16世纪末、17世纪初，四额鲁特人口剧增、牲畜增多、草场不够，有的部落开始向外迁移。

17世纪20年代末，土尔扈特部受准噶尔部的威胁、欺凌，率部离开原居地塔尔巴哈台，沿额尔齐斯河而上，赴俄罗斯额济勒河（今伏尔加河）下游玛努托海一带游牧。不久，和硕特部落领主巴尔斯图鲁拜虎（号顾实汗）也受到准噶尔部的威胁，于明崇祯十年、清崇德二年（1637年）率其大部离开原居地，进居青海。顾实汗的哥哥拜巴葛斯率领和硕特部少部属民也于1637年从乌鲁木齐迁徙到阿拉套岭以西驻牧。明崇祯十五年、清崇德七年（1642年），巴尔斯图拜虎应西藏黄教之邀进军西藏，并乘西藏内乱逐步占据全藏。清康熙二十五年（1686年），清王朝将阿拉善和硕特部按内蒙古49旗之例，编为阿拉善和硕特旗，置佐领，封和罗理为多罗贝勒，赐印授扎萨克。阿拉善旗从此始建，驻定远营（今巴彦浩特）。清代直属理藩院，中华民国时属蒙藏委员会管辖。

1949年9月23日，阿拉善旗和平解放。随后，阿拉善和硕特旗人民政府成立，归宁夏省管辖。1955年，改称甘肃省巴彦浩特蒙古族自治州。1956年4月，归内蒙古自治区管辖，隶属巴彦淖尔盟。1960年8月，中共阿拉善旗西部地区工作委员会成立。1961年4月22日，国务院全体会议第110次会议通过《关于设立阿拉善左旗和阿拉善右旗，撤销阿拉善旗的决定》。同年5月25日，阿拉善右旗成立，属巴彦淖尔管辖。1969年7月，阿拉善右旗划归甘肃省，属武威地区管辖。1979年7月，重新划归内蒙古自治区，属巴彦淖尔市管辖。1980年4月，阿拉善盟成立，阿拉善右旗归阿拉善盟管辖直至今天。

巴丹吉林庙始建于1755年，据传新疆康布玛尼奇喇嘛由新疆途经巴丹吉林，在此修建庙宇，取藏文庙名："嘎拉登朋斯格阿拉布吉林"，民间俗称"巴丹吉林庙"。"文革"中，因寺庙用于巴丹吉林嘎查部队而幸免于难。1986年该庙被列为旗级重点文物保护单位，1997年，该庙依法进行登记，并由阿拉善右旗民政局管理至今。巴丹吉林庙是阿拉善右旗唯一保存比较完整的寺庙，在浩瀚的沙漠中以当时的人力物力建造了如此宏伟的寺庙是无法想象的，它对我们研究古寺庙具有很高的历史、艺术、科学价值。

1.5 "四有"建档情况

1986年，巴丹吉林庙被列为旗级文物保护单位。2005年地方人民政府依法划定了保护范围和建设控制地带。2006年被列为内蒙古自治区重点文物保护单位。2007年树立了保护标志。2013年被列为第七批全国重点文物保护单位（7-0920-3-218）。

（1）保护范围及建设控制地带：

A区（重点保护区）：围墙以内。

B区（一般保护区）：A区外延150米。

C区（建筑控制地带）：院墙向外500米为建筑控制地带。

（2）标志说明：

现存标志牌系汉白玉，"工"字型底座。正面为"内蒙古自治区重点文物保护单位文物保护单位""巴丹吉林庙""内蒙古自治区人民政府二〇〇六年九月四日公布阿拉善右旗人民政府立"，均为仿宋体，阴刻。标志牌立在现讲经堂大门前左侧（图1）。

（3）记录档案及基本图纸资料：尚未提供。

（4）专门机构或专人负责管理：由阿拉善右旗文物管理所派专人管理。

图1　巴丹吉林庙现存标志牌

2 建筑描述

2.1 总体描述

巴丹吉林庙现有单体建筑三座，分别为巴丹吉林庙（讲经堂）、拉卜楞、佛塔。巴丹吉林庙始建于清乾隆二十年（公元1755年）。建筑气势雄伟、庄重肃穆、典雅美观，有"沙漠故宫"之称。该庙坐西向东，庙室分为上下两层，重楼歇山顶，下层面阔15.2米，进深16.4米，高3.15米；二层为挑空回廊，面阔9.20米，进深9.70米，高2.2米。一层东正面设有一主门和两个侧门，东正面墙开有两个窗户，南北两侧各开4个窗户，一层总面积为249.3平方米。

玛尼喇嘛拉卜楞位于最南端，建成于民国三年（1914年），为三开间卷棚硬山带檐廊，院落东侧为庙仓4座（现已拆除），院落围合。

佛塔位于最北端，建成年代不详，为藏传佛教覆钵式佛塔，高8.5米，塔基最宽处4.7米。由塔座、塔身、塔瓶和塔刹四部分组成。

据《神奇的巴丹吉林》一书记载，该庙的一砖一石一木全部从沙漠之外用骆驼和羊驮进，梁柱全部由人工抬入。原巴丹吉林建筑群包括大雄宝殿等九处建筑，分别为大雄宝殿（经堂）、密宗殿、道格西德殿堂、观音殿、经轮殿、玛尼喇嘛拉卜仍（拉卜楞）、大庙仓、雅日乃庙仓、扎肯庙仓。原巴丹吉林庙"为四角形角楼呈曲尺重楼歇山顶，其正立面屋顶中央高、两侧低……前沿下用木柱，出檐达2.4米。檐柱外出两跳插供承托挑檐镇，檐上为斗拱铺作，坡度较平缓。拱疏朗，四角挑檐升起，成柔和弧线……墙厚而窗子小，给人非常浑厚稳定的感觉。……底层用朱红圆柱，柱头部分雕刻立体图案，上面托着粗大替木，……藻井设计巧妙，布局严谨，造型美观，内有清代壁画，内容为佛、菩萨、弟子等，构图和技法据民间传统画风，手法熟练，技巧高超"。

2.2 单体描述（此次测绘3座单体建筑）

2.2.1 巴丹吉林庙（讲经堂）

其位于建筑群中部，坐西朝东，以土木石结构为主，平面呈梯形，凹门廊，两侧耳房，面阔5间15.2米，进深5间16.4米，六架椽屋分心用三柱，东正面设有一主门和两个侧门。二层屋顶用筒、板瓦覆盖,单檐歇山顶。墙体用土坯砌成。庙室呈楼阁式,底层用朱红圆柱,柱头雕刻有立体图案,上托大替,东正面开两个窗户,南北山墙各开4个窗户,经堂四周院落围合。

（1）平面形制:大殿面阔5间,通面阔15米,各间面阔均为3米。通进深16.4米,建筑面积249.3平方米。殿前正中接出檐廊五间,进深2.4米。

（2）地面:殿内与檐廊地面现为木地板,青石阶条台明,条石如意踏跺。

（3）墙体墙面:东前墙、南北山墙及边玛墙(女儿墙)、后墙均为土坯墙。后期修缮时外墙面用水泥与原墙体下碱抹平,并在原下碱外包砌青砖下碱。

（4）木构架:二层木构架为双坡七檩,一层外接前廊抱厦木构架。

（5）屋面:二层屋面为青色筒板瓦屋面,双坡歇山式屋顶。一层屋顶为露台。前接平顶抱厦。

（6）木基层:木椽D70 mm,飞椽50 mm×50 mm,望板厚20 mm。

（7）木装修:明间门与侧门均为对开木板门。二层明间为五抹格扇门,窗为三抹槛窗。

（8）彩画油饰:一层檐廊檐柱、大替、椽、枋油饰剥落,部分彩画被泥水冲刷剥落。

（9）院落:院落为素土填埋,院落入口处至庙门踏步铺有甬道。甬道两侧布香炉两座,青砖须弥座、水泥塔身组成,院落四周有围墙,部分墙体开裂,东墙正中为院落大门,硬山顶,设有三层水泥台阶,门前有石狮子一对。

2.2.2 拉卜楞

其位于建筑群的南端,坐西朝东,三开间卷棚硬山带檐廊式,建成于民国三年(1914年)。见图2。

图2 拉卜楞

（1）平面形制:面阔三间,通面阔9.0米,明间、次间均为3米。通进深7.81米,建筑面积95.7平方米(详见图2)。明间与北次间加建隔墙,开单开木门一扇。

（2）地面:室内地面为木地板,檐廊地面为水泥抹面。青石阶条台明,通体踏跺、垂带缺失。

（3）墙体墙面:南北山墙、西后墙、窗下墙后期用免烧砖补砌,山墙垛头做须弥座样式收腰。内墙为白泥抹面,有漏雨冲刷和开裂痕迹。

（4）木构架：双坡七檩前檐廊式。

（5）屋面：双坡卷棚式青色筒板瓦屋面，屋面设宝刹一幢。

（6）木基层：木椽 D70 mm，飞椽 50 mm×50 mm，望板厚 20 mm。

（7）木装修：明间设对开木板门一合，次间设四抹头隔扇窗。

（8）彩画油饰：檐廊檐柱、椽、枋油饰剥落，室内部分天花板彩画被泥水冲刷剥落。

（9）院落：院落为素土填埋，院落入口处至庙门踏步铺有甬道。院落四周有围墙，部分墙体开裂，东墙正中为硬山顶院落大门，设木板对开门一合。门前设有七层水泥台阶、垂带。

2.2.3 佛塔

其位于中轴线北侧，藏传佛教覆钵式佛塔。通高 8.5 米，塔基最宽处 4.7 米。由塔座、塔身、塔瓶和塔刹四部分组成。建成年代不详。见图 3。

图 3　佛塔

（1）塔基：塔基为一层，整体呈长方体，石砌基础，塔基身高 2.5 米，宽 4.7 米，（详见图 3。东正面开入口，设对开木板门一合。

（2）塔身：塔身由八层塔阶和二层塔宫组成，高 1.98 米，外饰十相自在图、佛塔形浮雕。下层塔宫东正面开焰光门。

（3）塔瓶：高 1.33 米，最宽处 2.2 米，东正面开焰光门。

（4）塔刹：塔刹由横斗基、横斗、撑伞、十三相轮、阴轮、阳轮、伞顶、月亮、太阳等组成，高 2.7 米。

3 价值评估

3.1 历史价值

阿拉善蒙古人多信奉藏传佛教，而且极为诚笃，历代相传，延续至今。阿拉善蒙古族人口约5万人，虽然人口不多，但所建藏传佛教寺庙却多达三十余座，有"八大寺、二十四小寺"之称。巴丹吉林庙就是阿拉善"八大寺"之一。自阿拉善和硕特其建立以后，阿拉善蒙古人即开始在其领地兴建藏传佛教的寺庙，其寺庙数量之多、规模之大、影响之广，尤其是该地区众多寺庙的建立及其鼎盛，在很大程度上和阿拉善蒙古人的这种信念有关。藏传佛教之所以成为全体拉善蒙古人尊奉的宗教，而且在当地盛极一时，除却蒙古贵族和清政府的支持、倡导等因素不谈，阿拉善蒙古人及其祖先与藏传佛教之间具有的非同一般的渊源关系是其重要原因之一。巴丹吉林庙始建于清乾隆二十年（公元1755年），距今有200多年的历史，是藏传佛教传入蒙古高原的历史见证，对于研究阿拉善蒙古部落与黄教的联系具有很高的历史价值。

3.2 艺术价值

巴丹吉林庙的建筑特点、结构布局、藏品古物从侧面反映和记载了中国古代社会文化变革，是藏传佛教传入阿拉善的历史见证。巴丹吉林庙现存众多的雕刻、唐卡等僧俗用品，对于研究我国古寺庙文化，尤其对研究沙漠古寺庙建筑艺术和寺庙文化，具有很高的艺术价值。

3.3 科学价值

我国寺庙建筑全国各地比比皆是，无论是建筑规模，还是建筑艺术以及建筑地的选择，都被中外学者及旅游者所称绝。但是，像巴丹吉林庙这种建在沙漠腹地的寺庙在国内并不多见，可谓沙漠建筑的奇迹。巴丹吉林庙建筑风格基本保持了古代藏传佛教的建筑风格，但又极具特点，虽历经200多年的风沙侵蚀和流沙威胁，至今依然雄伟壮观，基本保存完好。其对研究沙漠古寺庙建筑具有很高的科学价值。

3.4 社会价值

巴丹吉林庙虽处巴丹吉林沙漠腹地，自古以来却古刹钟声依旧、中外香客不断；尤其是改革开放以来，许多国外学者频频来此考察，巴丹吉林沙漠的历史遗迹引起了他们的极大关注。直至当今，每逢藏传佛教传统节日，当地僧众亦云聚于此，举办各种经会：正月初九至十五举行祈愿会；三月初八至十五举行东库尔（时轮法会）经会；四月初一至十七举行农乃经会；六月初九至十二举行玛尼经会；六月十五至八月初一举行雅日乃（夏令安居）经会；八月初二祭神，八月初三至初九举行敖塔其与达日和经会；十月二十一日至二十九举行朱拉（佛灯）经会。

4 建筑现存状况

4.1 建筑本体现状调查

经过调查，2003年，阿拉善右旗人民政府对巴丹吉林庙外墙进行了局部加固维修，对室内外的彩画进行了修复。2005年6月，由阿拉善右旗民政民族宗教事务局对巴丹吉林庙的僧舍、拉卜楞进行了维修。2008年5—8月由阿拉善右旗民政民族宗教事务局牵头，对巴丹吉林庙进行了加固维修。

4.2 建筑总体现状描述

巴丹吉林庙现有单体建筑三座，分别为讲经堂、拉卜楞、佛塔。讲经堂由于建成历史较长，自然环境、气候条件恶劣，建筑受风沙和盐碱海子的双重侵蚀，木质材料、土质材料破坏严重。加之后期人为破坏，整体建筑已非原貌。现建筑的地基不均匀，沉降严重，主体建筑向东北方向倾斜。柱、檩、椽、飞开裂走闪，土坯墙潮塌，砖墙酥碱，油饰剥落严重。后虽有几次修缮，均属于单项维修常规维护，且施工手段粗糙，工艺简单，并未对建筑本体起到修缮作用。表现有四：其一是人为提高垫高地坪。看似平整了院落，实则致使石条基础被掩埋，地表水分直接侵入土坯墙体，导致墙体下端潮湿酥塌，现经堂墙体均已出现该病害，北山墙尤为严重。由于藏式建筑的山墙为承重墙，主体建筑倾斜也与此不无关系。其二为简单的外观涂抹。现建筑远观看似整洁规矩，近观则惨不忍睹。几乎所有的建筑构件都不符合建筑形制。屋面瓦当、脊件型号不一，粗糙安装、错误安装比比皆是。对拉卜楞和佛塔的随意修建增建尤为严重。其三为修缮材料品质极低，修缮使用的瓦当为冷压瓦件，前次预留的备用瓦件已风化糜烂。部分修缮用免烧砖、水泥方砖代替青砖。其四为用料多拼凑，这与当地的交通条件极其恶劣，且当地无可用的建材有关。综上所述，多种因素造成的建筑本体的病害众多，局部的病害已是非常严重，应及时修缮，避免建筑的病害继续发展导致无法挽回的损失。各单体建筑具体残损详见表②～表④。

4.3 单体建筑现状描述

4.3.1 巴丹吉林庙（讲经堂）

（1）地基、基础：经堂地基、基础均有不同程度沉降，整栋建筑向北、向东倾斜。

（2）台明、地面：台明风化较为严重，踏跺糟酥严重，四周散水用水泥涂抹覆盖，也已开裂破损不堪。室内地面现为木地板，后期人为提高地板，原柱础已不可见。木地板现已凹凸不平，开裂走闪严重，二层木地板尤为严重，已不能负重。

（3）墙体墙面：东前墙、南北山墙及边玛墙（女儿墙）、后墙均为土坯墙。后期修缮时外墙面用水泥与原墙体下碱抹平，白泥罩面，并在原下碱外包砌青砖下碱。包砌的下碱风化空鼓严重，已和墙体彻底剥离，缝隙最宽处已达10厘米。南、北山墙与西后墙墙角开裂，从边玛墙下端至墙脚通体出现裂缝。北山墙中段出现通体裂缝，东正墙北垛头与东正墙出现裂缝。南北山墙及西后墙内墙土坯开裂潮湿酥塌非常严重。北山墙内墙尤其严重，地面以上60厘米的墙体酥塌空鼓，整个墙体的近三分之一已失去承重功能。

（4）木构架：木构架构件基本完整，梁架有走闪、拔榫现象，梁架雨水冲刷、尘土鸟粪堆积，檩垫枋产生移位。柱网沉降不一，整体柱网向东向北走闪倾斜（见表①讲经堂柱网沉降统计分析表）。后期修缮时替换木柱2根，檐柱糟朽风化严重，弯曲明显。除檐柱外其他柱体均用地毯包裹，情况不明，所有柱础已被掩盖不见，情况不明。

表① 讲经堂柱网沉降统计分析表

名称	部位	柱径尺寸/cm	下沉程度/mm	柱网沉降及其原因分析
一层金柱	金1号柱	22	18	檐柱风化严重，南北两侧檐柱受压变形严重，柱础被提高地面覆盖不见。殿内各柱的柱础亦不见。各路金柱弯曲走闪明显，东北路金柱走闪、下沉尤其严重。二层檐柱向南北两侧倾斜。门窗框受压向内走闪。柱网整体向东向北走闪倾斜。讲经堂整体亦向东北略有倾斜，沉降趋于稳定。原因分析：①屋顶荷载导致各路柱子出现了不同程度的弯曲变形，尤其是一层屋面反复修缮叠加材料使得荷载加大；②柱径不一，各柱承载力不一；③建筑建于滩涂沼泽地带，地基受潮。
	金2号柱	23	26	
	金3号柱	25	17	
	金4号柱	24	30	
	金5号柱	22	0	
	金6号柱	23	0	
	金7号柱	24	20	
	金8号柱	23	24	
	金9号柱	24	28	
	金10号柱	23	33	
	金11号柱	22	30	
	金12号柱	24	10	
通柱	通1号柱	26	0	
	通2号柱	27	−30	
	通3号柱	26	−20	
	通4号柱	28	16	
一层檐柱	檐1号柱	23	0	
	檐2号柱	24	0	
	檐3号柱	25	30	
	檐4号柱	24	30	

（5）木基层：椽、飞开裂破损，腐蚀污染，糟朽严重。望板材料不一，长短随意拼接，局部已经开裂断裂。二层檐口呈弓形，左右下沉。

（6）屋面：二层屋顶全部瓦件型号不一。瓦垄歪斜，全部瓦件与泥背剥离，已彻底无粘结，泥背风化酥裂，屋面呈现龟背形隆起，屋面漏雨严重。脊件型号不一，且拼接粗糙，吻兽反向安装。瓦口木、连檐木破损风化严重。山尖处泥皮剥落，悬鱼不存，将方砖用铁钉钉在原博风板，加厚博风板以支撑披水。墀头形制与建筑不符，露台为水泥抹面，现已凹凸不平，开裂积水严重，这是造成一层漏雨主要原因之一。一层楼梯口用土坯简单搭建雨棚，宝幢或用土坯短墙支护，或用木板与边玛墙绑接。东正墙出檐处安置法轮与金鹿（角瑞），用木条架支撑。出檐的坡面破损程度与二层屋面相同。

（7）木装修：二层走马板严重开裂，所有门窗均为后期更换，现门窗口框歪斜，闭合不严。隔扇窗弯曲变形，绦环板和门芯板都已开裂。二层挑空回廊木扶手结构走闪变形，已失去扶护作用，摇摇欲坠。

（8）彩画油饰：外露的柱、大替、椽、枋、门窗的油饰与彩画褪色风化，开裂剥落，室内梁架部分彩画被雨水冲刷剥落。

（9）院落：院落为素土填埋，院落入口处至庙门踏步铺有甬道。甬道两侧布香炉两座，青砖须弥座水泥塔身组成，院落四周有围墙，部分墙体开裂，东墙正中为硬山顶院落大门，大门屋面病害与建筑屋面相同，且形制错误。门口设有三层水泥台阶，门前有石狮子一对，年代不详。

4.3.2 拉卜楞

（1）地基、基础：地基、基础不同程度沉降，建筑整体由中向南、向北沉降。

（2）台明、地面：台明风化较为严重，踏跺糟酥严重，四周散水用水泥涂抹覆盖，并已深度开裂破损不堪。室内地面现为木地板，后期人为提高地板，原柱础已不可见。檐廊明间柱础可见，次间柱础不见。

（3）墙体墙面：明间与北次间间砌隔墙，设木门一扇。西内墙雨水冲刷污染，北内墙开裂。东正墙南北垛头人为处理为须弥座样式。

（4）木构架：柱网沉降明显，后期修缮中粗糙施工，临时支顶、垫顶处众多。椽檩虫害严重，榫卯开拔严重，部分卯榫处使用螺纹钢拉结。梁架用材长短粗细不一。顶棚内尘土遍布。檩垫枋漏雨潮蚀严重。

（5）木基层：望板材料不一，望板用苇莲替代，檐口呈弓形，左右下沉。

（6）屋面：全部瓦件型号不一。瓦垄歪斜，全部瓦件与泥背剥离，已彻底无粘结，泥背风化酥裂。室内外屋顶大面积漏雨，椽苫遭严重雨水侵蚀。

（7）木装修：原门窗不复存在，窗棂不见，替代为窗心板，安装现代双开木板门，开顶窗。

（8）油饰与彩画：彩绘油饰均为后期装设，外露部分风化，油饰剥落严重。

（9）院落：院落为素土填埋，院落入口处至庙门踏步铺有甬道。院落四周有围墙，部分墙体开裂，东墙正中为硬山顶院落大门，大门屋面病害与建筑屋面相同，且形制错误。设木板双开门一扇。门前设有七层水泥台阶、垂带。

4.3.3 佛塔

佛塔位于中轴线北侧，藏传佛教覆钵式佛塔。通高 8.5 米，塔基最宽处 4.7 米。由塔座、塔身、塔瓶和塔刹四部分组成。建成年代不详。后期修缮中减少了部分构件，局部用现代材料补砌，建议按藏式覆钵式瓶形喇嘛塔维修。全面整修塔座、塔瓶（塔身）和塔刹三部分。塔座部分恢复塔基、金刚蔓、末尼、诸神台阶、三层末尼、莲瓣、双层末尼、横斗、末尼、象背、末尼、狮子座、末尼、小莲月台、顶面等；塔瓶部分恢复瓶垫、龛门、宝瓶等；塔刹部分目前较完整，可见横斗基、横斗、轴、横斗、撑伞莲、十三相轮、阴轮、阳轮、伞顶、月亮、太阳等构件。

4.4 环境现状

巴丹吉林庙建在的滩涂高地上，三面环水，东南方与沙漠相连。南面距牧民用房间隔15米，东距的沼泽地带间隔不足5米；西距咸海子20米，北面距咸海子10米左右，西北和滩涂沼泽地带，有零星树木，堆放建筑材料。东南向有一条土路通向现僧房。环境较为杂乱。原建筑群的遗迹尚可见，据了解未进行过考古发掘。整体环境复杂，地貌和地质条件复杂。

4.5 其他现状

（1）安防措施：无安防监控设备，不具备安防功能。

（2）消防措施：有简单的消防器材，不具备消防功能。

（3）避雷设施：未安装避雷设施，不具备避雷功能。

5 残损原因分析

5.1 自然因素的破坏

（1）沙漠气候破坏：巴丹吉林沙漠特有的气候条件，建筑物经受常年的风沙打蚀，造成建筑物构件风化严重。

（2）地质原因：巴丹吉林庙建在咸海子中的高地上，咸海子高强度的盐碱对建筑伤害极大。

（3）构件老化：由于建成年代已久，建筑出现结构强度降低、墙面倾斜，危及建筑安全。

（4）地理交通：巴丹吉林建在大漠腹地，沙山连绵，起伏陡峭，交通条件极其恶劣，即使采用现代交通工具，每次出进沙漠亦是凶险异常。材料运输成本极高，经调查当地的运输成本是市场价格的8~10倍。

5.2 人为因素的破坏

（1）人为拆毁：巴丹吉林庙主体建筑群建成后历经人为破坏，原有密宗殿、道格西德殿堂、观音殿、经轮殿、大庙仓、雅日乃庙仓、扎肯庙仓已彻底拆除。部分建筑的遗迹依稀可见，尚未进行考古发掘。在拆毁过程中各式构件、砖雕、壁画、吻兽屋脊等损坏殆尽。除去历史原因破坏，近几次的修缮的粗糙施工是目前建筑病害的主要原因之一。

（2）人为改建、改制：玛尼喇嘛拉卜楞与佛塔后期多次改建，新、旧建筑材料在建筑上反复使用。施工工艺极为粗糙。尤其是瓦件已大面积风化解体。讲经堂的墙面青砖窗龛，水泥抹面，围砌下碱、院落围墙均为后期改建（图4）。

图4　巴丹吉林庙历史照片

6　现状评估及勘察结论

巴丹吉林庙具有重要的文物价值，主体建筑受自然条件侵蚀严重，建筑墙体酥碱风化、开缝塌露，屋面瓦剥离脱落，木基层、大木构架、装修等均有不同程度的残损破坏。多种因素造成的建筑本体的病害众多，局部的病害已是非常严重，应及时抢修，避免建筑的病害继续发展导致无法挽回的损失。根据《古建筑木结构维护与加固技术标准》（GB/T 50165—2020），此次测绘的三座建其结构可靠度鉴定为"Ⅲ类建筑"（注：Ⅲ类建筑是指类建筑承重结构中关键部位的残损点其组合已影响结构安全和正常使用，有必要采取加固或修理措施），建议进行全面的、科学有效的抢救性保护工作。特呈报主管部门详知。

7　现状残损、成因分析及修缮措施表

表② 巴丹吉林庙保护设计工程现状残损、成因分析及修缮措施表（讲经堂）

序号	名称	部位	材质	残破性质	残损程度	残破原因	修缮措施
1	台基	基础	砖石	不同程度沉降，整体南高北低，西高东低		（1）周边咸海子进退，地基严重受潮，酥碱风化导致沉降；（2）各路柱径不一，各柱承载力不一，建筑负荷导致櫊墩下沉	（1）部分归安；（2）清理潮碱面；（3）修补裂缝
		台明	条石、水泥	（1）残缺、风化糟酥、剥落；（2）入口处台明后期水泥抹面；（3）散水水泥涂抹，已开裂	（1）酥碱面积达4.8 m²，占台阶总面积的14%；（2）水泥涂抹面积达55 m²，占台明总面积的68%	（1）碱蚀风化；（2）人为改动；（3）自然磨损	（1）部分归安；（2）清理潮碱面；（3）修补裂缝；（4）拆除原水泥散水，按原规制、材料重新铺砌

现状照片

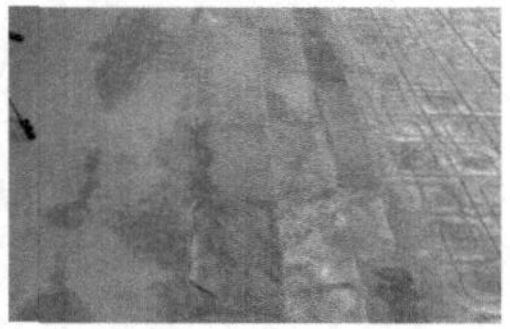

入口处台明及踏跺 　　北侧踏跺 　　南侧踏跺 　　北山墙散水

正面台明、踏跺南段 　　正面台明、踏跺中段 　　正面台明、踏跺北段

续表

序号	名称	部位	材质	残破性质	残损程度	残破原因	修缮措施
2	地面	一层地面	木地板	(1) 人为提高，垫土埋掉柱础；(2) 凹凸不平，开裂走闪严重；(3) 磨损严重	(1) 地板人为拆改面积达 225 m² 左右，占地面总面积的 100%；(2) 地板开裂磨损面积达 99 平米，占地板总面积的 44%	(1) 受潮风干；(2) 人为改动	(1) 揭除原木地板；(2) 整修礅挡土墙，调整地面标高，露出柱底石；重新铺设
		二层楼面	木楼板	(1) 凹凸不平，开裂走闪严重；(2) 碎木板任意搭接，无法承重；(3) 磨损严重	二层木地板开裂磨损面积达 27.7 m²，占二层木地板总面积的 88%	(1) 受潮风干；(2) 人为损坏	(1) 揭除原木地板；(2) 按照原规制做法重新铺设
	现状照片	檐廊木地面			一层地板	一层室内地面	一层西北角地板
		二层南侧地板			二层北侧地板	二层东侧地板局部	

续表

序号	名称	部位	材质	残破性质	残损程度	残破原因	修缮措施
3	墙体	室内墙面	(1) 土坯；(2) 白灰抹面	(1) 盐碱腐蚀严重，地面以上 60 cm 高度内墙体酥塌空鼓；(2) 南北山墙及西内墙后墙内墙土坯潮湿酥塌较严重，大面积塌陷，北墙内侧尤为严重；(3) 局部沉降，整个墙体近 1/3 失去承重功能	墙体土坯酥塌体积达 25.2 m³，占墙体总体积的 20%	(1) 长期受潮；(2) 盐碱腐蚀	(1) 拆除原有土坯墙；(2) 按原材料、尺寸制作土坯；(3) 按原砌筑方法重新砌筑；(4) 重新白灰抹面
现状照片				外廊北墙墙角基部 / 外廊北墙角 / 北墙室内 / 北墙东墙角		北墙室内东墙角 / 北墙内墙根	北墙内墙根 / 北墙内墙根

续表

序号	名称	部位	材质	残破性质	残损程度	残破原因	修缮措施
4	墙体	外墙	(1) 土坯墙白泥罩面； (2) 下碱青砖包砌	(1) 四面外墙上部白泥不同程度受潮脱落； (2) 后期包砌的青砖下碱风化空鼓严重，部分已剥离，缝隙最宽达 10 cm； (3) 南北墙与西墙后墙角开裂，从邊玛墙至墙角有通体裂缝； (4) 东正墙与南北垛头均有通体裂缝	(1) 外墙白灰墙面脱落面积达 34.5 m²，占外墙墙面总面积的 23.8%； (2) 下碱青砖酥碱面积达 13.92 m²，占下碱砖体表面总面积的 66.7%； (3) 墙体裂缝宽度为 3～10 mm，裂缝长度累计达 3.3 m； (4) 垛头与墙体的分离裂缝宽度为 3～5 mm，裂缝长度累计达 6.4 m	(1) 雨水侵蚀； (2) 长期受潮； (3) 盐碱腐蚀	(1) 对碱面进行清洁处理； (2) 剔补酥碱部分
现状照片				南山墙中部	北山墙中部	西墙	

续表

序号	名称	部位	材质	残破性质	残损程度	残破原因	修缮措施
5	墙体	二层墙体	(1) 土坯 (2) 白灰抹面	内外表面白泥墙皮不同程度剥落，室外剥落较为严重	墙皮脱落面积达 18.25 m²，占二层墙体总面积的 34.5%	雨水侵蚀	剥落部位重新做白灰抹面

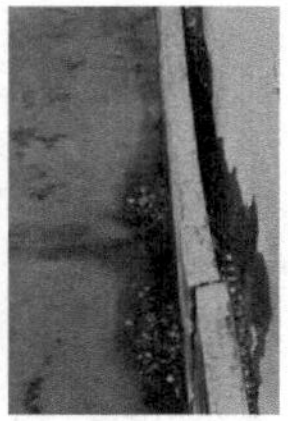

现状照片：南墙下碱　西墙下碱　南墙下碱　北墙　北墙　南墙　南墙　东正墙南梁头　东正墙北梁头

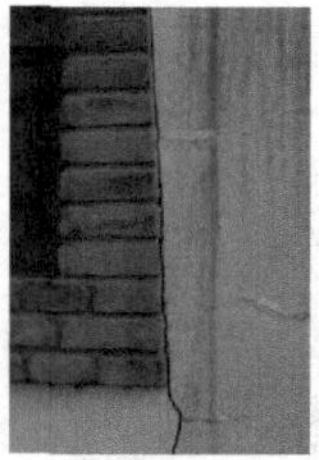

现状照片：南山头　二层内墙　二层门窗上部

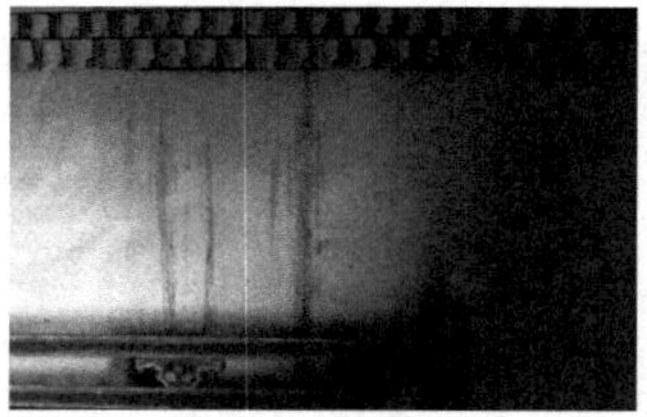

续表

序号	名称	部位	材质	残破性质	残损程度	残破原因	修缮措施
6	墙体	边玛墙（女儿墙）	(1) 土坯；(2) 碎瓦、碎砖石；(3) 白灰抹面；(4) 水泥	(1) 东边玛墙内侧水泥白灰抹面脱落，基层泥坯碎砖石裸露；(2) 南北两侧边玛墙内侧白灰抹面脱落，根部雨水浸蚀，开裂严重	(1) 水泥抹面面积达 15 m²，占边玛墙内墙面总面积的 24.4%；(2) 白灰抹面面积达 43.5 m²，占白灰墙面总面积的 94%；(3) 墙体裂缝宽度为 2～3 mm，裂缝长度累计达 11 m	(1) 雨水侵蚀；(2) 长期受潮；(3) 盐碱腐蚀	(1) 拆除原有土坯墙；(2) 按原材料、尺寸制作土坯；(3) 按原砌筑方法重新砌筑；(4) 重新白灰抹面
现状照片				西边玛墙内皮	南边玛墙内皮		北边玛墙内皮
7	木构架	檩、梁、枋	木	(1) 梁架不同程度拔榫，走闪、开裂；(2) 梁架雨水冲刷、鸟粪污染；(3) 垫木枋移位；(4) 梁架不规范搭接	(1) 梁架卯榫节点拔榫长度 10～30 mm；(2) 梁枋开裂为 3～5 mm	(1) 年久失修；(2) 屋面漏雨；(3) 基础沉降；(4) 人为改动	(1) 调整柱网，扶正梁架；(2) 清理梁表面污染物
现状照片				西边玛墙内皮			

续表

序号	名称	部位	材质	残破性质	残损程度	残破原因	修缮措施
8	木构架	柱子、磉墩	木	(1) 柱底石全部被掩埋; (2) 柱网沉降不一,整体向东向北走闪倾斜; (3) 檐柱柱子漆面剥落,槽朽风化严重,弯曲明显; (4) 后期修缮是替换木柱2根; (5) 磉墩病害状况尚不明确	(1) 全部的20个柱底石全部被木地板和水泥覆盖; (2) 除檐柱内的4根柱子外,其余室内的16根柱子均被地毯包裹; (3) 檐柱漆面剥落面积累计达0.44 m²,占檐柱表面油漆总面积的10.5%	(1) 年久失修; (2) 长期受潮; (3) 局部虫蛀; (4) 人为变动	(1) 恢复原地面露出柱础部位; (2) 根据实际情况洽磉墩、调整柱网; (3) 槽朽严重的柱子墩接归安; (4) 檐柱修缮根据现场实际情况确定; (5) 清理残余漆皮; (6) 修补裂缝,重新刷漆
现状照片			一层室内梁架	檐廊檐口内梁架	一层室内梁架		二层屋面梁架
现状照片			西立面南一号柱	西立面南二号柱	后期维修替换柱	西立面北二号柱	室内柱子

序号	名称	部位	材质	残破性质	残损程度	残破原因	修缮措施
9	屋面	脊饰	瓦	（1）正脊垂脊均为后期修建，脊件型号不一，拼接粗糙，吻兽等饰物反装，不符合传统形制； （2）个别构件松动，几近脱落	正垂脊脊件松动 12 处	（1）风蚀雨淋； （2）人为变动	（1）拆除后期修建的正脊、垂脊、吻兽等构件； （2）恢复原形制正脊、垂脊、吻兽等
		屋面瓦	筒板瓦	（1）屋面呈龟背型隆起，漏雨严重； （2）瓦件型号过大； （3）瓦垄歪斜，泥背风化酥裂，瓦件与泥背剥离； （4）山尖泥背皮剥落	（1）屋面隆起面积达 5.2 m²，占屋面总面积的 3.6%； （2）瓦件与泥背剥离达 127 m² 左右，占屋面总面积的 87.6%	（1）风蚀雨淋； （2）人为变动	（1）揭顶维修； （2）铲除酥软泥背； （3）重新做骨灰泥背； （4）替换为 2 号瓦件

现状照片：北次间北廊柱、明间北廊柱、明间南廊柱、南次间南檐柱、后金柱外闪、前金柱走闪、北侧金柱走闪

续表

序号	名称	部位	材质	残破性质	残破程度	残破原因	修缮措施
现状照片				大殿正脊 / 西北翼角	大殿垂脊 / 大殿钗脊	大殿垂脊	
现状照片				垂兽	正吻	钗脊与垂脊搭接处	
10	屋面	椽、望板	木	(1) 檐椽、飞椽开裂破损，腐蚀污染、糟朽严重； (2) 望板材料不一，长短任意拼接，局部开裂断裂； (3) 二层檐口呈弓形，左右下沉	(1) 椽飞端部开裂糟朽处达213处，占椽飞总数的45.9%； (2) 连檐、望板、压飞板开裂破损面积达47 m²，占檐椽飞木基层总面积的64.4%	(1) 屋面漏雨； (2) 长期受潮； (3) 人为变动	(1) 揭顶维修； (2) 替换糟朽严重的椽、望板； (3) 糟朽较轻的做防潮处理
				西坡面	北坡面	南坡面	

续表

序号	名称	部位	材质	残破性质	残损程度	残破原因	修缮措施
11	屋面	一层平屋面（露台）	水泥	（1）水泥抹面凹凸不平，开裂严重； （2）露台屋面积水严重； （3）屋面防水失效； （4）排水组织混乱，雨水口残损堵塞	（1）平屋面水泥面层面积达156.8 m²； （2）水泥屋面布满不规则裂缝，裂缝宽度为1~3 mm，平均每平米屋面覆盖裂缝长度0.68 m	（1）雨水侵蚀； （2）屋架变形； （3）人为变动	（1）揭顶维修，替换糟朽的木椽、望板； （2）重新铺设防水层； （3）面层设计材料找坡，组织排水； （4）维修顺通雨水口

现状照片：二层东南翼角　二层南面檐口　二层西面檐口　二层西面北翼角

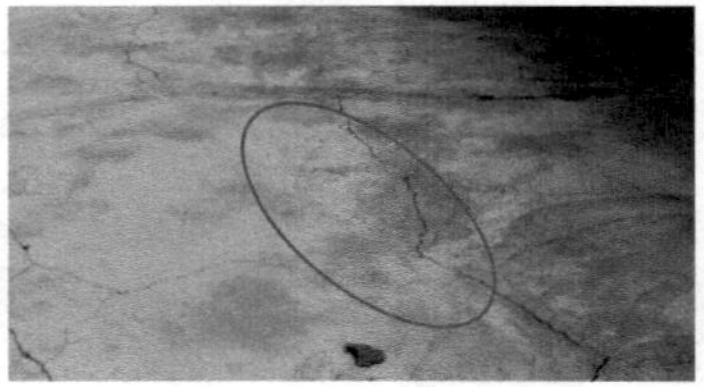

现状照片：西露台　北边玛墙雨水口　南边玛墙雨水口

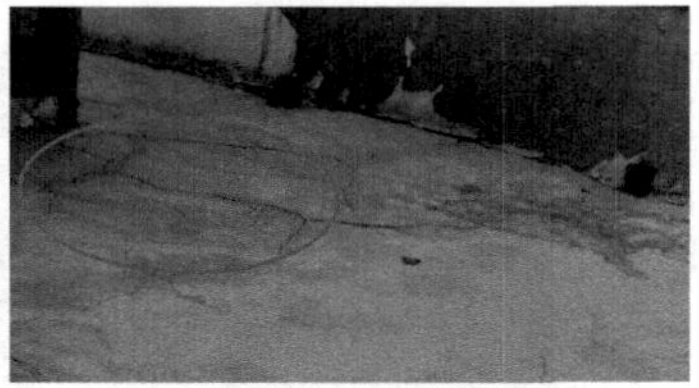

附录　保护修缮实践案例 | 151

续表

序号	名称	部位	材质	残破性质	残损程度	残破原因	修缮措施
12	屋面	其他构件	土坯、瓦、木	(1) 山尖泥皮脱落，悬鱼不存； (2) 原博缝板上以铁钉钉方砖，加厚用以承重； (3) 屋面楼梯口以土坯搭建雨棚，泥皮脱落严重，顶面濒临坍塌； (4) 宝幢或用土坯短墙支护，或用木板与边玛墙绑接 (5) 东墙出檐处安置法轮与金鹿，以木梁临时支顶	(1) 山尖填充部分总面积约4 m²，现有均为后期改动； (2) 博缝板表面积约为1.4 m²	(1) 人为改动； (2) 年久失修	(1) 剔凿博缝板上方砖，博分板归安； (2) 山尖悬鱼制安； (3) 二层悬楼梯口雨棚青砖制安； (4) 宝幢、法轮与金鹿须弥座制安

现状照片：

山花悬鱼 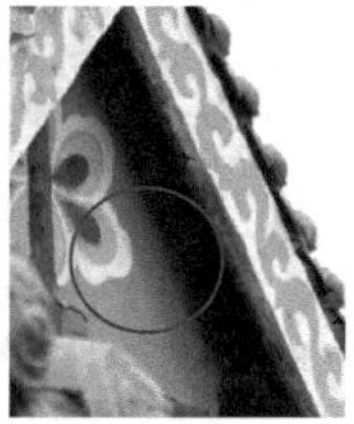　　南山面博缝板 　　屋面楼梯间

东边玛墙法轮、金鹿　　东南角宝幢 　　东北角宝幢 　　东边玛墙法轮须弥座　　东边玛墙法轮金鹿

续表

序号	名称	部位	材质	残破性质	残破程度	残破原因	修缮措施
13	装修装饰	门窗	木	(1) 二层走马板严重开裂，门窗口框歪斜，闭合不严；(2) 所有门窗均为后期更换；(3) 隔扇窗弯曲变形，绦环板和门芯板已开裂	二层改动门窗面积约为14.1 m²	(1) 人为破坏；(2) 受潮风化	二层门窗制安
现状照片				大殿西山尖雕花	大殿西山尖悬鱼		大殿东山尖被遮盖雕花
14	装修装饰	栏杆扶手	木	二层挑空回廊木扶手结构走闪变形，已失去扶护作用，摇摇欲坠	二层室内栏杆总长度约为27.6 m，高度为0.8 m，面积约为22.1 m²	(1) 人为破坏；(2) 雨水侵蚀、风化	(1) 失稳栏杆加固；(2) 残损栏杆制安
现状照片				东栏杆	北栏杆	南栏杆	西栏杆

续表

序号	名称	部位	材质	残破性质	残损程度	残破原因	修缮措施
14	装修装饰	彩画壁画	颜料漆料	（1）外露的柱、大替、椽、枋、门窗的油饰与彩画褪色风化，开裂剥落；（2）室内梁架部分彩画敲泥水冲刷剥落	（1）室内油饰彩画表面20%受到污染；（2）室外油饰彩画表面70%老化褪色	（1）年久失修；（2）漏雨受潮；（3）人为破坏	（1）损毁部分复原处理；（2）其余表面清洁处理

现状照片：

二层翼角油饰　　一层南廊柱　　一层金柱大替　　檐廊檐椽

二层门窗彩画油饰　　二层南角柱　　一层墙柱大替雨水痕迹　　檐廊北墙彩画

续表

序号	名称	部位	材质	残破性质	残损程度	残破原因	修缮措施
15	院落	院墙、地面	土、青砖	(1) 院落为素土填埋，铺有甬道； (2) 院落四周有围墙，部分墙体开裂； (3) 大门屋面病害与建筑屋面相同，且形制错误	(1) 院落素土地面约为 247.8 m²； (2) 院内砖甬面道面积约为 52.3 m²； (3) 院墙总长度约为 107.2 m	(1) 年久失修； (2) 漏雨受潮； (3) 人为破坏	(1) 修复开裂墙体； (2) 恢复原院落地坪； (3) 青砖漫院，铺设排水沟
现状照片				院落东前侧 / 院落北侧 / 院落南侧			
				院落外观 / 院落正立面			

表③ 巴丹吉林庙保护设计工程现状残损、成因分析及修缮措施表（玛尼喇嘛拉卜楞）

序号	名称	部位	材质	残破性质	残损程度	残破原因	修缮措施
1	台基	基础	条石	（1）地基、基础不同程度沉降； （2）建筑整体由中向南、向北沉降； （3）南北两侧地坪提高，遮盖柱础	（1）柱础被遮盖为10～15mm； （2）台基南北端水平高差为5～10mm	（1）地形沉降； （2）自然磨损； （3）人为改动	（1）清理现地坪； （2）整治碌墁，调整柱网； （3）恢复原地坪
现状照片					拉卜楞东正立面（上图） 正立面檐柱局部（下图）		

续表

序号	名称	部位	材质	残破性质	残损程度	残破原因	修缮措施
2	台基	台明	条石	(1) 残缺、风化、剥落、走闪； (2) 四周台明用水泥涂抹覆盖，并已深度开裂破损不堪	(1) 条石酥碱面积达 5.4 m²，占台阶总面积的 78.3%； (2) 水泥涂抹面积达 31.1 m²，占台明总面积的 81.8%	(1) 碱蚀风化； (2) 自然磨损； (3) 人为改动	(1) 清理潮碱面； (2) 部分归安； (3) 修补裂缝
		踏跺	条石	(1) 踏跺改形； (2) 风化较为严重； (3) 糟酥严重			(1) 拆除新加建踏跺； (2) 按原规制、材料重新砌筑
现状照片				东正面踏跺、台明	东正面踏跺、台明	南山墙台明	

续表

序号	名称	部位	材质	残破性质	残损程度	残破原因	修缮措施
3	台基	地面	木地板	(1) 人为提高地坪； (2) 凹凸不平，局部龟裂塌陷； (3) 盐碱化严重	(1) 地板人为拆改面积达 54.2 m² 左右，占地面总面积的 100%； (2) 地板开裂磨损面积达 17.9 平米，占地板总面积的 33.0%	(1) 长期受潮； (2) 不均匀沉降； (3) 人为改动	(1) 清除现木地板，调整檩橩； (2) 恢复原地坪，暴露柱础； (3) 重新铺设木地板
现状照片	南台明			东北角堆放维修备料		北台明	南台明局部
现状照片	明间地板			南次间地板		南次间局部病害	北次间地板

续表

序号	名称	部位	材质	残破性质	残损程度	残破原因	修缮措施
4	墙体	室内墙面	（1）免烧砖；（2）白灰抹面；（3）青砖	（1）后期修缮中使用了免烧砖；（2）明间与北次间砌隔墙；（3）西内墙雨水冲刷污染，北内墙开裂；（4）东正墙南北埃头人为处理为须弥座样式	（1）内墙裂缝宽度达1~3 mm，长度约为0.89 m；（2）墙面污染面积达10.2 m³，占内墙面总面积的32.8%	（1）屋顶漏雨；（2）人为改动	（1）拆除免烧砖，恢复青砖墙；（2）重新制安屋顶，治理漏雨；（1）对碱面进行清洁处理；（2）剔补酥碱部分
		外墙					

现状照片

北山墙、西后墙

南山墙

续表

序号	名称	部位	材质	残破性质	残损程度	残破原因	修缮措施
5	木构架	檩、梁、枋	木材	(1) 柱网沉降明显，檩垫枋漏雨潮湿严重； (2) 梁架后期修缮中粗糙施工，临时支顶处众多； (3) 椽檩虫害严重，榫卯结合不严，大多椽卯节点无榫卯，使用螺纹钢生硬拉结； (4) 梁架用材不一，拼接凑数； (5) 顶棚生霉遍布	(1) 柱网沉降为 5~15 mm； (2) 屋面漏雨达 3 处	(1) 粗糙施工； (2) 屋面漏雨； (3) 基础沉降	(1) 调整柱网； (2) 梁架制安； (3) 清理梁架表面污染物； (4) 替换虫害严重的椽

现状照片：南山墙东段 南山墙东段天花板 南山墙中段 南山墙西段

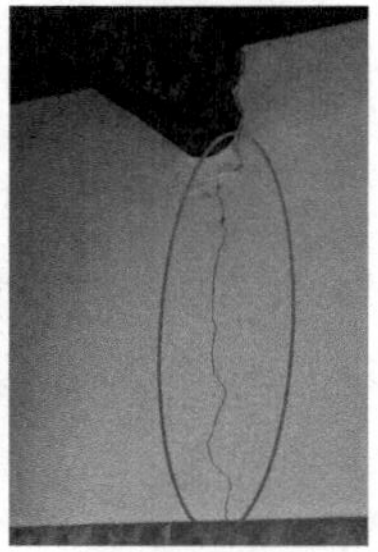

明间、北次间隔墙 隔墙门洞 隔墙北立面 西后墙裂缝

续表

序号	名称	部位	材质	残破性质	残破程度	残破原因	修缮措施
6	木基层	椽、飞、望板	木	(1) 椽、飞端头糟朽严重； (2) 屋顶望板用苇莲代替； (3) 瓦口沉降，呈弓形左右下沉	(1) 椽飞端部糟朽处达51处，占椽飞总数的23.2%； (2) 连檐、望板、压飞板开裂破损面积达3.5 m²，占檐椽飞木基层总面积的33.0%	(1) 年久失修； (2) 屋架变形； (3) 雨淋受潮	(1) 揭顶维修，矫正屋架； (2) 去除糟朽严重的檐椽、飞椽； (3) 按原尺寸望板替换苇莲； (4) 糟朽较轻的做防潮处理； (5) 按原尺寸制安瓦口
现状照片		明间南梁架		明间北梁架		明间南梁架	明间
		东檐檩		东檐檩接口1			东檐檩接口2

续表

序号	名称	部位	材质	残破性质	残损程度	残破原因	修缮措施
7	屋面	脊饰	瓦	脊件均后期修建，拼接粗糙	(1) 正垂脊脊件松动19处； (2) 瓦件与泥背剥离面积达63.4 m² 左右，占屋面总面积的73.8%	(1) 风蚀雨淋； (2) 人为变动	恢复原形制垂脊、吻兽等
		屋面瓦	筒板瓦	(1) 瓦垄歪斜，泥背风化酥裂； (2) 瓦件与泥背剥离，漏雨严重； (3) 瓦件型号过大			(1) 揭顶维修； (2) 铲除酥软泥背； (3) 重新做屋面灰背； (4) 替换为2号瓦件

现状照片：西后墙北段檐口、西后墙中段檐口、西后墙东段檐口、檐廊椽望、东正墙檐口

续表

序号	名称	部位	材质	残破性质	残破程度	残破原因	修缮措施
8	拉卜楞东正面屋顶	装修装饰	彩画壁画 颜料、漆料	(1) 彩绘油饰均为后期装设，外露部分风化剥落；(2) 油饰剥落严重	檐柱漆面剥落面积累计达 0.93 m²，占檐柱表面油漆总面积的 13.2%	(1) 年久失修；(2) 漏雨受潮；(3) 人为破坏	(1) 损毁部分复原处理；(2) 污染表面清洁处理

现状照片：西背面屋顶北段、西背面屋顶北段、西背面屋顶中段、西背面屋顶南段

现状照片：明间南檐柱油饰、南次间窗户、明间大门、明间南檐柱油饰、明间北檐柱油饰、次间檐柱

续表

序号	名称	部位	材质	残破性质	残损程度	残破原因	修缮措施
	现状照片			明间金柱彩画	明间柱彩画	天花板彩画	明间随檩彩画
9	门窗	门窗	(1) 木； (2) 玻璃	(1) 原门窗不复存在，窗棂不见，替代为窗心板； (2) 安装现代双开木板门，开顶窗； (3) 院落大门开裂	改动门窗面积约为 16.1 m²	人为改动	(1) 拆除新建门窗； (2) 恢复原制门窗； (3) 彩画油饰修复
	现状照片			东正面门窗		隔墙门	院落大门

续表

序号	名称	部位	材质	残破性质	残损程度	残破原因	修缮措施
9	院落	院落、墙体	青砖、条石	（1）院落大部为素土，入口至庙门踏步有甬道；（2）围墙部分墙体开裂；（3）院落大门屋面病害与拉卜楞相同	（1）院落素土地面约192.2 m²；（2）院内砖面甬道面积约为43.8 m²；（3）院墙总长度约为73.9 m	人为改动	（1）修复开裂墙体；（2）恢复原院落地坪；（3）铺设排水沟，青砖漫院

现状照片

院落东前部 　院落南侧 　院落西侧 　院落北侧

现状照片

拉卜楞整体院落外观 　南立面

西背立面 　东正立面

表④ 巴丹吉林庙保护设计工程现状残损、成因分析及修缮措施表（佛塔）

序号	名称	部位	材质	残破性质	残损程度	残破原因	修缮措施
1	佛塔	立面	(1) 砖； (2) 木； (3) 铸铜	(1) 塔身不均匀沉降； (2) 塔基开裂； (3) 塔身表皮剥落	(1) 塔身表皮剥落面积达16.8 m²，占塔身全部面积的21.5%； (2) 塔基开裂宽度为3～5 mm，裂缝长度累计达7.2 m	(1) 人为改动； (2) 地质条件	(1) 修整塔基条石基础； (2) 剔除后期补砌部分砌块； (3) 青砖补砌； (4) 修补裂缝，重新装饰表皮； (5) 周边环境整治，方砖硬化地面
现状照片							

南立面　　东立面　　北立面　　西立面

表⑤ 巴丹吉林庙保护设计工程周边环境现状及修缮措施

序号	名称	类型	环境描述	复杂程度	形成原因	整治建议
1	周边环境	(1) 沙漠; (2) 土坯住房; (3) 蒙古包等	(1) 巴丹吉林庙建在的滩涂高地上,三面环水,东南方与沙漠相连; (2) 南面距牧民用房间隔15米,东距的沼泽地带间隔不足5米;西距咸海子20米、北面距咸海子10米左右; (3) 西北和滩涂沼泽地带,有零星树木,堆放建筑材料。东南向有土路一条通向现僧房	较复杂	(1) 地质气候; (2) 人为增建	(1) 整体规划保护; (2) 拆除新建旅游设施; (3) 搬迁牧民
	现状照片		东向鸟瞰图		西向鸟瞰图	

表⑥ 巴丹吉林庙保护设计工程修缮工程交通情况表

序号	名称	路况	路况描述	交通条件	形成原因	运输建议
1	交通运输	沙漠	（1）目前尚没有通往巴丹吉林庙的道路； （2）巴丹吉林沙漠沙丘高大陡峭，行车凶险异常，常有车毁人亡的事件； （3）运输成本极高，巴丹吉林庙当地的运输价格为平均市价的8~10倍	极其恶劣	地质气候	（1）传统人畜运输手段，安全性略高，时间周期长； （2）现代运输手段，时间周期短，成本高
	      现状照片					

勘查巴丹吉林照片（2015年4月摄）

内蒙古自治区巴丹吉林庙抢险修缮工程

修缮设计方案

1 修缮设计依据及原则

1.1 修缮依据

（1）《中华人民共和国文物保护法》（2007年12月）；

（2）《中国文物古迹保护准则》（2000年10月）；

（3）《古建筑木结构维护与加固技术规范》（GB 50165—1992）；

（4）《中华人民共和国文物保护法实施细则》；

（5）《纪念建筑、古建筑、石窟寺等修缮工程管理办法》；

（6）现场勘察的实际情况。

1.2 设计原则

1. 不改变文物原状的原则：本次对巴丹吉林庙的讲经堂、拉卜楞、佛塔的修缮设计中最大可能地保留了讲经堂、拉卜楞、佛塔的原状。针对三组建筑的结构功能、工艺措施、体例规制、外貌特征追根溯源，反复调研论证，通过修缮设计客观地保护了讲经堂、拉卜楞、佛塔的真实性，整修恢复其时代风貌。在讲经堂与拉卜楞的暴露地基的设计中，基于现状地坪更有利于积水排放未作原地坪降低处理。佛塔因其建成史料的严重缺乏未作外形与结构的调整，只针对其后期的填补材料进行了替换，并对其结构进行了加固，在其周边铺设了参观平台。整体设计在保证结构安全的前提下最大限度地保留了巴丹吉林庙建筑群的原有构件，对确实无法继续使用的予以更换。从根本上解决了结构安全隐患，增强了结构强度储备，从而使得修缮后的结构可靠性鉴定残损面积到Ⅰ类建筑。

2. 最小干预的原则：本次制定设计方案时将设计人员对建筑的干预控制在最低的程度。在结构安全的情况下将修缮范围严加控制，最大限度保存巴丹吉林庙建筑群的历史特征得以延续。本次修缮只针对威胁到建筑结构安全性的柱网沉降、梁架走闪、墙体酥塌进行了抢险与维修，其余均为后期修缮中体例不合规制、质量不高材料的替换工程和降低威胁文物条件的保护工程。设计人员甄别后期维修改造部分以"最小干预"和"合理降低文物受破坏程度"为原则，保留了部分后期的改造部分，如讲经堂在后期维修中改造中的青砖窗套都予以了保留。针对讲经堂、拉卜楞、佛塔的墙体、木地面、基础等隐蔽工程也未作探沟勘察，修缮施工时根据现场实际情况补充设计修缮方案。周边环境改造中对已拆除仍可见的建筑遗迹未作扰动，以备今后的考古发掘工作顺利进行。

3. 可逆性、可识别性的原则：本次修缮设计中，坚持修缮过程的可逆性，保证修缮后的可再处理性与可识别性。本次修缮施工的选材均为传统工艺制作，物理性能稳定的材料，并在施工部位隐蔽保留施工标记，以备下次维修时识别。讲经堂、拉卜楞、佛塔的修缮工程中用水使用当地饮用水，制坯取土为沙漠周边的黏土。讲经堂和拉卜楞的彩画修复工程，保留了尚具备保护功能的彩画，只做除尘清洁。对风化严重，已破坏至地仗层的梁、柱、枋彩画，重做地仗层，选用矿物质颜料补绘彩画。

4. 尊重传统、保持藏传佛教建筑风格的原则：本次修缮设计过程对藏传佛教建筑风格与工艺手法加以识别，尊重传统，保持传统工艺手法的地域性和营造手法的独特性。在边玛墙、阿嘎土、经幢、经轮的维修与安装中完全按照藏式传统做法施工，维修选材尽最大可能利用原材料，保存原有构件，使用原工艺，延续文物的历史信息和时代特征，同时保持与原构件的可识别性。

5. 质量第一的原则：本次修缮设计中严把质量关，设计方案中从工程材料、修缮工艺、施工工序等方面严格按照国家有关质量标准、法规制定和要求。

6. 安全为主的原则：本次修缮设计中对于巴丹吉林庙的文物和施工人员的安全保障是最低要求。并充分考虑了修缮的施工安全，尤其是巴丹吉林沙漠地区的运输安全保障。

2　保护工程的性质与内容

2.1　保护工程的性质

抢险维修工程。

2.2　保护工程内容

2.2.1　巴丹吉林庙（讲经堂）：

（1）屋面修缮。

修缮要求：屋顶卸荷，揭顶维修，屋面制安。

修缮做法：

① 去除讲经堂二层屋面后期替换的不规格瓦件、脊件、吻兽、博风板等构件。去除泥背、糟朽的望板、木椽，矫正屋架，去除糟朽严重的檐椽、飞椽，按同质同型添配制安檐椽、飞椽，糟朽较轻的做三防处理。按原尺寸制作大小连檐、瓦口木，按原檐椽规格更换糟朽檐椽，补配齐全，D120@200安装；在椽上铺设望板层，用20 mm厚松木板更换糟朽望板，柳叶缝安装；望板层上制作防水层，20 mm厚1∶3白灰加麻刀做护板灰，不少于40 mm厚4∶6白灰细焦渣找坡压实；脊檩上插入直径25 mm钢棍（透过扶脊木，上露450，正脊@1000，吻兽内插2根，用于固定正脊、吻兽）。4∶6白灰细焦渣宽板瓦、裹垄筒瓦，调脊，小麻刀灰勾缝抹光。

② 一层露台按藏式建筑传统做法阿嘎土制安，疏通排水孔，边玛墙（女儿墙）制安。制作金幢、金鹿基座。

（2）木柱、木构件制安、归安。

修缮要求：调整归安柱网，木构件制安、归安。

修缮做法：

① 调整柱网：制作需替换的柱体。采用临时支撑卸除柱的荷载。归位走闪、歪斜的柱身，调整柱的沉降。按原建筑柱网形制归安柱体。现柱础不可见，揭除地板后根据柱础现状归安或制安柱础。

② 梁架走闪归安：梁架走闪归安主要针对讲经堂一层金柱走闪、拔翘的梁架。制作需替换的梁架。采用临时支撑卸除梁架的荷载。归位走闪、拔翘的梁架。按原建筑梁架形式归安梁架。

③ 加固开裂的檩、椽、枋、柱等。对劈裂和糟朽程度还不足以影响屋顶构件荷载的

梁、额枋、檩条等构件，采取局部加固、剔槽补固及防腐的措施进行处理。其做法是，据劈裂程度以及裂缝大小（以 3 cm 为限）而定，裂缝小者将缝内杂物及尘土清理干净之后施环氧树脂或鱼鳔粘固，若裂缝较大者即粘固后再加铁箍 1~2 道；对一些糟朽不太严重的构件只做清理及渗刷防腐剂即可，对一些糟朽严重影响其整体受力的构件，进行剔除、补制粘接加固和加铁箍处理，同时进行渗刷防腐剂。所有木构件进行防水、防腐、防蛀处理。

④ 替换虫蛀、糟朽严重的椽、檩、柱等木构件。针对一些劈裂、糟朽、变形现象非常严重，且失去自身作用不能继续使用的部分构件，予以更换，不留隐患。更换时需选用与构件材质相同的材料或者强度高于原材料的材质，制作时必须以原构件的做法既风格为依据，不得使用低于原材料材质的材料或者改变原构件的风格与手法。

（3）墙体修缮。

修缮要求：内、外墙体补砌制安。

修缮做法：

① 内墙部分：去除讲经堂的内墙皮，检查内墙土坯坍塌和水蚀情况，拆除坍塌部分，用拆除的土坯原材料粉碎制作土坯，重新补砌内墙，清理浮灰，15 mm 厚泼灰草泥打底，10 mm 厚麻刀灰抹面、赶光、压实。

② 外墙部分：去除墙面水泥涂层，拆除后期包砌的下碱，根据实际情况剔凿替换酥碱砖体，剔补局部裂缝面层青砖（应自下而上逐层逐快剔除、补配，不可大面积剔补），白灰膏补砌原规格面层青砖，灰缝填实饱满，保持淌白墙做法；清洁外墙。墙面下竹钉，钉麻揪，墙身（墙心）抹灰，15 mm 厚泼灰草泥打底，10 mm 厚麻刀灰抹面、赶光、压实。替换讲经堂后期制作的墀头，按原形制砌筑。

（4）门窗、木装修制安。

修缮要求：门窗、木装修制安。

修缮做法：用红松制作需要替换的门窗、栏杆、槛框。拆除需替换的门窗、栏杆、槛框，按原建筑形式归安。加固修复破损的门窗框、扶手、木地板、天花板。门窗、木装修"三防"处理。

（5）基础、台明修缮。

修缮要求：寻找原有基础，暴露部分基础、台明。

修缮做法：在讲经堂基础四周开挖探沟，探明原有基础、台明，根据现状制定修缮方案，根据最终地坪高度恢复三步如意踏步。替换腐蚀严重的基础石条，考虑排水顺畅，修缮后的地坪提高到高于院外天然地坪 10 cm。

（6）室内外地坪恢复。

修缮要求：适当降低室外地坪，恢复排水系统。室内恢复原有地坪，恢复通风系统。

修缮做法：

① 室外地坪：在讲经堂的院落开挖探沟，暴露 1~3 层条石基础（以现院外标高为

限），开挖排水系统，修复讲经堂散水。

② 室内地坪：揭除讲经堂、拉卜楞需要修缮的木地板，恢复讲经堂、拉卜楞室内原地坪，整治磉墩、恢复通风系统。木楞找平，600 mm×150 mm×30 mm 木地板制作加工。木地板安装。

（7）彩画、油饰修复。

修缮要求：彩画、油饰修复。

修缮做法：所有经堂的彩画除尘，剔除雨蚀风化严重的彩画油饰，修复剥落和风化的彩画油饰部位。清除梁柱门窗残损彩画和油漆及其地仗。修补裂缝，找平柱身。按原有形式制作彩画地仗（一麻五灰）及油漆地仗（大漆地仗）。按原建筑工艺绘制彩画，涂刷油漆。

（8）院落环境整治。

修缮要求：院落、围墙及山门制安。

修缮做法：

① 在讲经堂恢复的三合土地面：铲除原地面，原土夯实，压实系数不小于 0.96，200 mm 厚 3∶7 灰土加小石子夯实，压实系数不小于 0.96。

② 方砖漫院，铺设甬道：在灰土上打厚 30 mm 的混合砂浆坐底，300 mm×300 mm×60 mm 方砖墁地，白灰砂浆勾凹缝。

③ 围墙及山门根据的实际情况采取修缮措施。

2.2.2 玛尼喇嘛拉卜楞

（1）屋面修缮。

修缮要求：屋面制安。

修缮做法：揭顶维修，去除拉卜楞后期替换的不规格瓦件、脊件、吻兽等构件。在原有檩上铺设望板层，望板层上制作防水层，制作大小连檐、瓦口木、苫背层，屋面制安。做法与讲经堂二层屋面相同。

（2）木柱、木构件制安、归安。

修缮要求：调整归安柱网，木构件制安、归安。

修缮做法：

① 梁架走闪归安：做法与讲经堂相同。

② 加固开裂的檩、椽、枋、柱等：做法与讲经堂相同。

③ 替换虫蛀、糟朽严重的椽、檩、柱等木构件：做法与讲经堂相同。

（3）墙体修缮。

修缮要求：内外墙体修复制安。

修缮做法：

① 内墙部分：去除拉卜楞内墙皮，检查内墙土坯坍塌和水蚀情况，拆除坍塌部分，重新补砌内墙。

② 外墙部分：拉卜楞需要替换后期补砌的免烧砖部分，青砖墙体修复制安。

(4) 门窗、木装修制安。

修缮要求：门窗、木装修制安。

修缮做法：选材制作需要替换的门窗、槛框。拆除需替换的门窗、槛框，按原建筑形式归安。加固修复破损的门窗框、木地板、天花板。门窗、木装修"三防"处理。

(5) 基础、台明修缮。

修缮要求：修复残损风化的基础、台明。

修缮做法：做法与讲经堂相同。

(6) 室内外地坪恢复。

修缮要求：寻找原有地坪，恢复排水系统。室内亦恢复原有地坪，恢复通风系统。

修缮做法：

① 室外地坪：做法与讲经堂相同。

② 室内地坪：做法与讲经堂相同。

(7) 彩画、油饰修复。

修缮要求：彩画、油饰修复。

修缮做法：做法与讲经堂相同。

(8) 院落环境整治。

修缮要求：院落、围墙及山门制安。

修缮做法：做法与讲经堂相同。

2.2.3 佛塔

(1) 塔基修缮。

修缮要求：寻找原有基础，暴露基础、台明。

修缮做法：降低佛塔地坪，探明原有基础，剔凿后期砌筑的水泥石块基础，替换为条石，包砌台名，三合土地面制安，室内外地面高度高于周边地面 10 cm。台明外围铺设 740 cm×740 cm 方砖平台，入口处设踏步。

(2) 墙体修缮。

修缮要求：佛塔塔身内外墙体修复制安。

修缮做法：佛塔按藏式覆钵式瓶形喇嘛塔维修，全面整修加固塔座、塔瓶（塔身）部分。修补裂缝，剔除后期不期待砌块砖，塔身暗箍加固，工艺详见施工图。修补剔凿替换完毕，粉刷塔基、金刚蔓、末尼、诸神台阶、三层末尼、莲瓣、双层末尼、横斗、末尼、象背、末尼、狮子座、末尼、小莲月台、顶面等；塔瓶部分恢复瓶垫、龛门，宝瓶青砖砌筑。

3 质量标准

① 各项工程做法应严格按照中华人民共和国行业标准《古建筑修建工程质量检验评定标准》CJJ 39-91，各相应条款有关标准、规范、规程操作施工。

② 在施工中如果发现图纸与原物有出入应及时与设计方联系解决，可根据现状和修缮原则变更设计和修缮方案。施工图与原建筑有出入者以原物为主。

③ 施工过程中，拆卸、检修到安装、须保护原有构件的完整，经过加固能用者，继续使用，存放旧构件的工棚要安全通风。

④ 施工单位按本设计施工时，必须遵循《文物保护法》和《古建筑木结构维护与加固技术规范》（GB 50165—92）及其他有关保护、修缮古建文物的规定、规程与条例，施工质量要求按照《文物建设工程质量检验评定标准》实施，并求质量监督部门分段的检验和总的验收。

⑤ 施工单位应严格按照设计文件和《古建筑木结构维护与加固技术规范》（GB 50165—92）第八章中有关工程验收及各相关规范施工。现场监理人员应及时对隐蔽工程进行验收和记录。如果出现意外情况，应通知甲方会同设计单位共同研究解决。

⑥ 抓好质量是做好文物建筑维修的关键，首先应选择具备古建筑维修资质的施工单位，维修中必须加强管理工作，树立质量第一的意识，对于材料采购，应按部标或国标去选择优质产品，严禁以次充好或偷工减料等。修缮工艺、施工工序应符合古建筑修缮有关质量标准。

⑦ 在施工中，对重要隐蔽部位及其接点应拍照存档，以备维修施工时使用。对拆卸构件需分类码放在指定的地点，不得损坏。梁、柱、枋等构件拆卸时，特别要注意保护榫卯，不得乱拆、乱堆。在放置构件的地方，要作好防火、防盗、防湿等工作，必须指定专人看管。竣工后，施工单位应向甲方提交竣工资料，并归档保存。

4　其他

修缮修复过程中，拆除和开挖发现的新问题和状况，可根据现状和修缮原则变更设计和修缮方案。

5　修缮设计及施工估算

（略）

参考文献

[1] 张鹏举. 内蒙古建筑［M］. 北京：中国建筑工业出版社，2015.

[2] 王卓男. 民族传统建筑［M］. 北京：中国建筑工业出版社，2021.

[3] 内蒙古自治区文物局. 内蒙古自治区全国重点文物保护单位（第一至七批）［M］. 北京：文物出版社，2017.

[4] 内蒙古自治区文化和旅游厅. 内蒙古自治"十四五文物事业发展规划"［EB/OL］. (2021-12-22)［2023-03-11］.https://wlt.nmg.gov.cn/zfxxgk/zfxxglzl/fdzdgknr/zdlyxx/whycbh/202204/t20220427_2047137.html？slh=true.

[5] 国家文物局. 内蒙古部署全区文物保护利用工作.［EB/OL］.(2022-05-10)［2022-12-01］.http://www.ncha.gov.cn/art/2022/5/10/art_722_174187.html.

[6] 陈未. 藏传佛教建筑研究评述及研究方法再思考［J］. 建筑师，2022（04）：95-105.

[7] 张爱琳，韩晓桐，闫泽文，等. 内蒙古藏传佛教建筑数字化研究与保护——以呼和浩特大召寺为例［J］. 草原文物，2020（01）：104-110.

[8] 李晨光. 呼和浩特市古建筑现状调查和修复刍议［J］. 美与时代（城市版），2015（06）：20-21.

[9] 张瞳，赵旭. 关于沈阳古建筑文物保护与应用情况的调查报告［J］. 汉字文化，2017（19）：79-80.

[10] 吴骥. 中国古建筑遗产档案管理与开发［D］. 济南：山东大学，2016.

[11] 赵雅晶. 福建地区古建筑的保护与利用［J］. 鄂州大学学报，2022，29（06）：55-56.

[12] 韩雪娇. 山西古建筑文化遗产保护实践与活化利用路径探索［J］. 经济师，2022（11）：236-239+243.

[13] 张雪芳. 武威地区古建筑的保护现状与开发利用［J］. 丝绸之路，2021（02）：116-119.

[14] 者宁. 古建筑文化资源的利用与保护［J］. 中国地名，2020（06）：30.

[15] 王艳峰. 探析山西古建筑的保护维修与利用［J］. 中国民族博览，2018（11）：233-234.

[16] 金开军. 古建筑保护与利用探究［J］. 文物鉴定与鉴赏，2018（03）：138-139.

[17] 内蒙古自治区文化和旅游厅. 自治区文物局对呼和浩特市、乌兰察布市有关文物单位进行督查原文出自［EB/OL］.(2021-05-28)［2023-05-28］.https://wlt.nmg.gov.cn/zwxx/gzdt/202105/t20210528_1597848.htm.

[18] 国家文物局. 建立分类科学、保护有力、管理有效的城乡历史文化保护传承体系

[EB/OL].(2021-05-22)[2023-09-12].http://www.ncha.gov.cn/art/2021/5/22/art_722_168076.html.

[19] 国家文物局. 守护中华民族的根与魂——一年来习近平总书记的文博足迹[EB/OL].(2021-06-03)[2023-09-12].http://www.ncha.gov.cn/art/2021/6/3/art_2486_168314.html.

[20] 国家文物局. 2019年习近平总书记的文博足迹[EB/OL].(2020-01-03)[2023-09-12].http://www.ncha.gov.cn/art/2020/1/3/art_722_158148.html.

[21] 国家文物局. 中国广播网：习近平文物保护简史[EB/OL].(2015-01-12)[2023-09-12].http://www.ncha.gov.cn/art/2015/1/12/art_1027_116059.html.

[22] 杨莉莉. 内蒙古远古历史文化系列大窑文化——旧石器时代（早、中、晚期）[J]. 西部资源, 2006,（03）：59.

[23] 文宣. 自治区文物局紧急开展文物安全专项督查[N]. 内蒙古日报（汉）, 2019-04-25（第004版）.

[24] 霍燕. 内蒙古文旅发展报告[J]. 新西部, 2021,（09）：56-62.

[25] 内蒙古自治区人民政府. 区域概况[EB/OL].(2023-03-23)[2023-08-16].https://www.nmg.gov.cn/asnmg/yxnmg/qqgk/202003/t20200304_235646.html.

[26] 内蒙古自治区人民政府. 内蒙古自治区概况[EB/OL].(2018-03-26)[2023-08-16].https://www.nmg.gov.cn/asnmg/yxnmg/xzqh/nmgzzqgk/201803/t20180326_239906.html.

[27] 内蒙古自治区人民政府. 区域概况[EB/OL].(2023-03-23)[2023-08-16].https://www.nmg.gov.cn/asnmg/yxnmg/qqgk/202003/t20200304_235646.html.

[28] 自治区发展和改革委员会. 关于对内蒙古自治区政协十二届三次会议第0309号提案的答复[EL/OL].(2020-10-27)[2023-06-11]http://fgw.nmg.gov.cn/ywgz/jyta/202104/t20210422_1416336.html.（引有时间：2023-06-02）

[29] 艺旅文化. 看完这份"国保"名单，不要再说内蒙古只有草原啦！[EB/OL].(2020-08-02)[2022-01-17].https://mp.weixin.qq.com/s/71Ux1_bvc-FZ8YN7xyWGcw.

[30] 贾恒秀. 大窑文化[N]. 呼和浩特晚报, 1983-02-24（3）.

[31] 马小丽. 正在实施全面保护的大窑文化遗址[N]. 呼和浩特日报（汉）, 2007-05-28（007）.

[32] 高学博. 河套文化的由来及其类型特点[J]. 中共银川市委党校学报, 2022,（01）：83-90.

[33] 杨泽蒙. 萨拉乌苏探秘[C]//.《鄂尔多斯学研究成果丛书》历史类, 2012：79-109.

[34] 李保生. 萨拉乌苏河晚第四纪地质与古人类综合研究[M]. 科学出版社, 2017.

[35] 郭伟伟. 萨拉乌苏文化遗址："河套人"的故乡[N]. 内蒙古日报（汉）, 2022-06-09（006）.

［36］王晓琨，魏坚，陈全家，等. 内蒙古金斯太洞穴遗址发掘简报［J］. 人类学学报，2010，29（01）：15-32.

［37］内蒙古文物考古所，等. 岱海考古（三）［M］. 北京：科学出版社，2003：265-266.

［38］岱海遗址群，［EB/OL］. 百度百科［EB/OL］.（2023-10-03）［2023-10-09］https：//baike.baidu.com/item/%E5%B2%B1%E6%B5%B7%E9%81%97%E5%9D%80%E7%BE%A4/10592926？fr=ge_ala.

［39］七十四. 庙子沟遗址研究［D］. 呼和浩特：内蒙古师范大学，2013.

［40］郝建平. 国家级物质文化遗产——阿善遗址［J］. 实践（思想理论版），2012，（07）：53.

［41］赵曦，杨泽蒙. 寨子圪旦遗址探秘［N］. 内蒙古日报（汉），2010-04-19（007）.

［42］王雁飞. 内蒙古阴山岩画的历史文化意义［J］. 艺术评论，2015，（03）：141-144.

［43］郦道元. 水经注·河水［M］. 北京：中国纺织出版社，2021.

［44］盖山林，盖志浩. 丝绸之路岩画研究［M］. 乌鲁木齐：新疆人民出版社，2009，110.

［45］清水河县岔河口新石器时代遗址调查［J］. 内蒙古文物考古，2003，（02）：1-15.

［46］常芳芳. 桌子山岩画考［J］. 阴山学刊，2006，（01）：65-71.

［47］魏坚，冯宝. 试论朱开沟文化［J］. 考古学报，2020，（04）：461-484.

［48］鄂尔多斯博物馆. 鄂尔多斯新石器时代的中心——朱开沟遗址［EB/OL］.（2017-04-06）［2018-10-12］.http：//ordosbwg.org.cn/ywb/.

［49］杨泽蒙. 解读朱开沟文化［C］//.《鄂尔多斯学研究成果丛书》历史类. 鄂尔多斯市鄂尔多斯学研究会，2012：18.

［50］内蒙古自治区文物考古研究所，鄂尔多斯博物馆. 朱开沟：青铜时代早期遗址发掘报告［M］. 北京：文物出版社，2005.

［51］阿荣. 古郡风烟尤可观［N］. 内蒙古日报（汉），2020-11-05（011）.

［52］固阳秦长城遗址.［EB/OL］.（2023-10-04）［2023-11-01］.https：//baike.baidu.com/item/%E5%9B%BA%E9%98%B3%E7%A7%A6%E9%95%BF%E5%9F%8E%E9%81%97%E5%9D%80？fromModule=lemma_search-box.

［53］郭慧. 固阳秦长城遗址的保护与旅游开发研究［J］. 当代旅游（高尔夫旅行），2018（01）：7-8.

［54］固阳秦长城遗址.［EB/OL］.（2023-10-04）［2023-12-06］.https：//baike.baidu.com/item/%E5%9B%BA%E9%98%B3%E7%A7%A6%E9%95%BF%E5%9F%8E%E9%81%97%E5%9D%80？fromModule=lemma_search-box.

［55］郭伟伟，武峰. 秦直道：2000年前的"高速公路"［N］. 内蒙古日报（汉），2023-02-23（006）.

［56］陆航. 在秦直道上眺望古今［N］. 中国社会科学报，2018-08-10（004）.

［57］包·苏那嘎. 交往交流交融视域下昭君出塞及王昭君墓葬的若干问题辨析［J］. 赤峰学院学报（汉文哲学社会科学版），2023，44（10）：17-22.

[58] 李晓钢. 汉代西河郡的考古学观察［D］. 内蒙古师范大学，2022：92-94.

[59] 和林格尔土城子遗址[EB/OL].（2023-10-26）[2023-12-14].https://baike.baidu.com/item/%E5%92%8C%E6%9E%97%E6%A0%BC%E5%B0%94%E5%9C%9F%E5%9F%8E%E5%AD%90%E9%81%97%E5%9D%80/4092539?fr=ge_ala.

[60] 刘玉成. 内蒙古和林格尔县土城子遗址战国时期居民的牙齿研究［D］. 吉林大学，2011：2.

[61] 梁兴祖. 从和林格尔汉墓壁画看汉代建筑及建筑物［D］. 内蒙古大学，2020：7.

[62] 和林格尔发现一座重要的东汉壁画墓［J］. 文物，1974（01）：8-23+79-84.

[63] 郭建中，车日格. 黄河包头段沿岸汉代古城考［J］. 内蒙古文物考古，2007（01）：42-56.

[64] 孟洋洋. 西汉朔方郡属县治城考［J］. 西夏研究，2016（03）：90-96.

[65] 杜献宁，李煜. 丝绸之路视域下居延遗址建筑研究［J］. 山西建筑，2023，49（08）：16-19.

[66] 裴海霞. 浅谈居延大遗址的保护及其文化产业开发［J］. 丝绸之路，2016（04）：60-61.

[67] 傅兴业. 试析线性文化遗产居延遗址的构成与价值［J］. 河北地质大学学报，2019，42（02）：137-140.

[68] 刘幻真. 北魏怀朔镇寺庙遗址［J］. 内蒙古社会科学，1986（02）：67-68+73-74.

[69] 朱杰，张秀卿. 初探内蒙古地区北魏时期园林的发展情况——以白灵淖尔城址为例［J］. 现代园艺，2021，44（05）：130-131.

[70] 行政区划吧.【莆田版】行政区划修改方案第一期[EB/OL].（2014-08-20）[2023-10-22].https://tieba.baidu.com/p/3243248312?red_tag=1614241492.

[71] 魏坚，谌璐琳. 北魏六镇城址的考古学观察［C］//. 北魏六镇学术研讨会论文集.，2014：7-23.

[72] 李逸友. 中国北方长城考述［J］. 内蒙古文物考古，2001（1）：39.

[73] 张文平，苗润华. 长城资源调查对于北魏长城及六镇镇戍遗址的新认识［J］. 阴山学刊，2014，27（06）：18-30.

[74] 张鹏举. 内蒙古地域藏传佛教建筑形态研究［D］. 天津大学，2011：13.

[75] 内蒙古自治区文化和旅游厅. 内蒙古隋唐考古综述[EB/OL].（2019-12-02）[2023-10-22].https://mp.weixin.qq.com/s?__biz=MzAxMzUxMDgxNw==&mid=2659998010&idx=1&sn=76b278a7570fdae9a4042d7a327698c4&chksm=80d988f4b7ae01e29c469c4d4f8f3b777dd628b04395e4fd3bd55b45d240ce41dca6e600eabeb8&scene=27.

[76] 杨泽蒙. 阳湾遗址——鄂尔多斯最古老农业居民的世界［C］//鄂尔多斯文化遗产编委会. 鄂尔多斯文化遗产. 鄂尔多斯：鄂尔多斯市文物考古研究院，2013.

[77] 百度百科. 丰州故城遗址[EB/OL].（2023-03-10）[2023-10-23].https://baike.baidu.com/item/%E4%B8%B0%E5%B7%9E%E6%95%85%E5%9F%8E%E9%81

97%E5%9D%80/9253924

[78] 巴图尔. 万部华严经塔［C］//中华民族建筑研究会. 中华民族建筑论文集. 北京：中国民族建筑研究会，2001.

[79] 贾洋. 基于数字化技术的万部华严经塔建筑形制研究［D］. 内蒙古工业大学，2018：27-31.

[80] 杨彩霞. 丰州故城博物馆：记述文物故事感知繁盛丰州城［N］. 呼和浩特日报（汉），2023-06-01（007）.

[81] 祥乐游. 达茂旗国家重点文物保护单位——木虎尔索布加古城［EB/OL］.（2022-04-26）［2023-10-17］.https://www.25507.cn/dongbei/heilongjiang/71595.html.

[82] 国家文物局主编. 中国文物地图集·内蒙古自治区（下）［M］. 西安：西安地图出版社，2003：525.

[83] 陈永志，吉平，张文平. 乌兰察布文化遗产［M］. 北京：文物出版社，2014.08.

[84] 刘俊，石良先. 尘封千年的历史名城——净州［J］. 老年世界，2020.12.

[85] 李媛. 内蒙古乌兰察布地区历史城池研究［D］. 内蒙古科技大学，2022：101-103.

[86] 净州路故城［EB/OL］.（2023-10-18）［2023-12-01］.https://baike.baidu.com/item/%E5%87%80%E5%B7%9E%E8%B7%AF%E6%95%85%E5%9F%8E.

[87] 四子王旗人民政府. 阴山之北"净州路"［EB/OL］.（2020-09-25）［2023-10-18］.https://www.sohu.com/a/420845617_120207098.

[88] 王鹏. 内蒙古阿尔寨石窟壁画与草原游牧文化［D］. 内蒙古大学，2013.

[89] 哈斯额尔敦·丹森等著. 阿尔寨石窟回鹘蒙古文榜题研究［M］. 沈阳：辽宁民族出版社，1997.6.

[90] 吉布华. 阿尔寨石窟壁《成吉思汗家族图》研究［D］. 内蒙古师范大学，2022.

[91] 内蒙古自治区文化厅，内蒙古自治区文物局. 元上都遗址简介［N］. 中国文物报，2012-07-04.

[92] 腾和. 元上都遗址保护利用与区域协同发展研究［D］. 天津师范大学，2019：8.

[93] 魏炜. 金莲川述古［J］. 草原税务，2002（06）：16-17.

[94] 张文平. 元代汪古部砂井总管府、按打堡子故城新考［J］. 文物，2022（08）：59-66.

[95] 王鹏. 元代粮仓制度研究［D］. 内蒙古大学，2020.

[96] 姜鸥. 敖伦苏木古城的历史研究［D］. 宁夏大学，2021：17-21.

[97] 周清澍. 敖伦苏木古城的若干问题［J］. 内蒙古大学学报（哲学社会科学版），2014，46（03）：5-10.

[98] 塔拉，张海斌，张红星. 内蒙古包头燕家梁元代遗址考古取得重要收获［N］. 中国文物报，2006-10-18（002）.

[99] 甄树欣. 包头燕家梁遗址的火炕研究［D］. 内蒙古大学，2018.

[100] 塔拉，张海斌，张红星. 内蒙古包头燕家梁元代遗址考古取得重要收获［N］. 中国

　　　　文物报，2006-10-18（002）.

[101] 张文平. 新忽热古城为唐代横塞军军城考论 [J]. 内蒙古师范大学学报（哲学社会科学版），2020，49（02）：28-35.

[102] 樊雨濛. 边塞自然与文化背景下的内蒙古园林研究 [D]. 华中科技大学，2021.

[103] 杨长春. 大召 [N]. 呼和浩特晚报，1982-11-30（3）.

[104] 李娜. 内蒙古大召寺建筑遗产价值研究 [D]. 内蒙古工业大学，2019：34-43.

[105] 房宏伟. 内蒙古呼和浩特大召寺建筑营造技艺探究 [J]. 中国住宅设施，2022（04）：46-48.

[106] 咏岭. 一方胜境喇嘛洞 [N]. 呼和浩特晚报，1982-04-33（3）.

[107] 苏日古嘎. 美岱召壁画艺术研究 [D]. 内蒙古大学，2017.

[108] 周瑞民. 藏传佛教仪式研究——以准格尔召玛尼会的田野调查为例 [J]. 黄河之声，2020，(03)：11.

[109] 贺宇. 黄河岸边蒙古人的歌声 [D]. 内蒙古大学，2019.

[110] 刘咏梅. 内蒙古鄂尔多斯地区藏传佛教寺院壁画研究与保护——以准格尔召、乌审召为中心藏传佛教寺院考查 [J]. 吉林广播电视大学学报，2010（03）：90-91.

[111] 托亚，刘建军，周博. 基于"伽马地图"分析的藏传佛教建筑空间组织形式研究——以内蒙古呼和浩特乌素图召为例 [J]. 建筑与文化，2016（05）：136-137.

[112] 潘春利，侯霞. 呼和浩特金刚座舍利宝塔的建筑与装饰特色 [J]. 内蒙古艺术，2008（02）：47-49.

[113] 赵梁. 五塔寺 [N]. 呼和浩特晚报，1982-09-16（3）.

[114] 迟利. 慈灯寺宗教含义考释 [J]. 内蒙古文物考古，2007（01）：61-64.

[115] 程俊. 归绥地区回民研究（1632—1937）[D]. 内蒙古大学，2014：53.

[116] 张春香. 旧城回民聚居区更新规划研究 [D]. 华中科技大学，2008：58-61.

[117] 白广德. 青二百万的清真大寺 [N]. 内蒙古日报，1984-07-07（4）.

[118] 董雪明，贺小燕. 塞外奇葩——清·和硕恪靖公主府 [J]. 城建档案，2012（04）：20-22.

[119] 檀平川. 清早期王府实例——和硕恪靖公主府 [J]. 文物春秋，2004（05）：55-59.

[120] 乔垫. 呼和浩特将军衙署建筑研究 [D]. 西安建筑科技大学，2007.

[121] 乔垫. 呼和浩特将军衙署建筑研究 [D]. 西安建筑科技大学，2007：33-40.

[122] 杨阳. 将军衙署文化资源的保护与利用研究 [D]. 内蒙古师范大学，2013：20-24.

[123] 其乐格尔. 五当召佛教文物保护研究 [D]. 内蒙古师范大学，2022：9-10.

[124] 远航. 五当召 [N]. 呼和浩特晚报，1983-05-31（3）.

[125] 张义忠，郭兆儒. 包头昆都仑召建造过程考 [J]. 河南大学学报（自然科学版），2011，41（01）：108-110.

[126] 薛峰. 清代昆都仑召解析 [J]. 收藏界，2019（06）：51-53.

[127] 内蒙古旅游. 杭锦旗菩提济渡寺（沙日特漠图庙）[EB/OL].(2018-02-27)[2023-10-27].http://www.cylyw.cn/article/20180227/844.html.

[128] 武艳丽. 王爷府：四子王旗的历史宝库[J]. 实践（思想理论版），2016（04）：56.

[129] 骆涛. 被遗忘的王爷府[D]. 南昌大学，2014：3-6.

[130] 高亚利，刘清波. 多伦汇宗寺的兴建及其演变[J]. 文物春秋，2004（05）：14-19.

[131] 郭美兰. 康熙帝与多伦诺尔汇宗寺[J]. 内蒙古大学学报（人文社会科学版），2004（03）：60-65.

[132] 张汉君. 贝子庙建筑及相关问题探析[J]. 内蒙古文物考古，1999（02）：74-85.

[133] 张昆，尚海林. 蒙古草原文化与藏传佛教文化的融摄与互动——锡林郭勒贝子庙考察研究[J]. 青海师范大学学报（哲学社会科学版），2018，40（02）：72-78.

[134] 龙云飞. 多伦地区物质文化遗产保护开发现状研究[D]. 内蒙古大学，2019：14-27.

[135] 王敏. 阿拉善定远营建筑布局研究[D]. 内蒙古工业大学，2013：34；36.

[136] 王卓男，王敏，李志忠. 阿拉善定远营古城建筑文化研究[J]. 南方建筑，2015（01）：49-55.

[137] 侯智国. 内蒙古自治区巴丹吉林庙勘察实录——研究型实训室工作案例[J]. 住宅与房地产，2018（05）：227-228.

[138] 敖腾比力格. 伊克昭盟"独贵龙"运动（中国旧民主主义革命时期）[J]. 内蒙古大学学报（社会科学），1963（01）：31-52.

[139] 这里是草原."独贵龙"运动旧址[EB/OL].(2021-07-17)[2023-10-28].https://enpx.com/web/doc/d-1401.html.

[140] 方旭艳. 呼和浩特牛东沿天主教堂建筑研究[J]. 内蒙古工业大学学报（自然科学版），2010，29（02）：154-160.

[141] 百灵庙抗日武装暴动纪念碑[J]. 实践（党的教育版），2021（09）：64.

[142] 葛佳琦. 集体记忆下的白塔火车站主题公园景观再造设计研究[D]. 内蒙古大学，2022：17-19.

[143] 苏丽古娜. 视觉空间与文化记忆[D]. 内蒙古师范大学，2016：21-34.

[144] 内蒙古自治区文物局. 培根铸魂守正创新奋力谱写内蒙古文物事业发展新篇章[EB/OL].（2021-11-10）[2023-06-05].https://wlt.nmg.gov.cn/zfxxgk/zfxxglzl/fdzdgknr/zdlyxx/whycbh/202204/t20220427_2046940.html.

后　　记

　　《内蒙古中西部地区古迹遗址修缮保护研究》是内蒙古古迹遗址保护与利用协同创新中心团队组织编写的实践成果总结。2012年，内蒙古建筑职业技术学院古建筑工程技术专业开始招生，成立了古建筑工程技术研究中心。2014年，内蒙古古迹遗址保护与利用协同创新中心（以下简称协同中心）成立，成为全国以古迹遗址保护为工作内容的两个高校协同中心之一，也是内蒙古自治区唯一的集文化传承与技术应用于一身的协同中心。团队经过十多年的经验积累，在内蒙古哲学社会科学规划项目"内蒙古文物保护利用传承体系研究——内蒙古中西部古迹遗址修缮与保护研究"和内蒙古自治区高校科研经费的支持下，组织了调查研究和编写工作。全书由侯智国、武月清、乔恩懋、尚大为、王晓负责整理、修改、校核及最后的编稿工作。阅历所限，书中不当之处难免，敬请各位前辈、老师、同人、学者们批评指正！

　　编审组的张鹏举、张晓东、李铸、杨勐、杨娜等专家学者给予了很多帮助，提出了许多宝贵的修改意见。本书还得到合作企业内蒙古启原文物古建筑修缮工程有限责任公司的支持，在此一并表示感谢！